T0107938

DERNIERS TITRES PARUS
DANS LA MÊME COLLECTION

Hicham-Stéphane AFEISSA, *Qu'est-ce que l'écologie ?*

Christophe AL-SALEH, *Qu'est-ce qu'une couleur ?*

Jean-Pascal ANFRAY, *Qu'est-ce que la nécessité ?*

Valérie AUCOUTURIER, *Qu'est-ce que l'intentionalité ?*

Anne BAUDART, *Qu'est-ce que la sagesse ?*

Jiry BENOVSKY, *Qu'est-ce qu'une photographie ?*

Serge BOARINI, *Qu'est-ce qu'un cas moral ?*

Pol BOUCHER, *Qu'est-ce que l'interprétation juridique ?*

Alain CAMBIER, *Qu'est-ce qu'une civilisation ?*

Patrice CANIVEZ, *Qu'est-ce que l'action politique ?*

Philippe CAPET, *Qu'est-ce que mentir ?*

Paul CLAVIER, *Qu'est-ce que le bien ?*

Paul CLAVIER, *Qu'est-ce que le créationnisme ?*

Jean-Pierre COMETTI, *Qu'est-ce qu'une règle ?*

Filipe DRAPEAU CONTIM, *Qu'est-ce que l'identité ?*

Éric DUFOUR, *Qu'est-ce que le cinéma ?*

Julien DUTANT, *Qu'est-ce que la connaissance ?*

Hervé GAFF, *Qu'est-ce qu'une œuvre architecturale ?*

Denis GRISON, *Qu'est-ce que le principe de précaution ?*

Annie IBRAHIM, *Qu'est-ce que la curiosité ?*

Louis LOURME, *Qu'est-ce que le cosmopolitisme ?*

Michel MALHERBE, *Qu'est-ce que la politesse ?*

Paul MATHIAS, *Qu'est-ce que l'internet ?*

Cyrille MICHON, *Qu'est-ce que le libre arbitre ?*

Gloria ORIGGI, *Qu'est-ce que la confiance ?*

Mélika OUELBANI, *Qu'est-ce que le positivisme ?*

Claude PANACCIO, *Qu'est-ce qu'un concept ?*

Denis PERRIN, *Qu'est-ce que se souvenir ?*

Dimitrios ROZAKIS, *Qu'est-ce qu'un roman ?*

Yann SCHMITT, *Qu'est-ce qu'un Dieu ?*

Jean-Marc SÉBÉ, *Qu'est-ce qu'une utopie ?*

Franck VARENNE, *Qu'est-ce que l'informatique ?*

Hervé VAUTRELLE, *Qu'est-ce que la violence ?*

Joseph VIDAL-ROSSET, *Qu'est-ce que la négation ?*

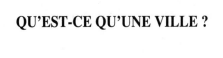

QU'EST-CE QU'UNE VILLE ?

COMITÉ ÉDITORIAL

CHEMINS PHILOSOPHIQUES

Collection dirigée par Roger POUIVET

Alain CAMBIER

QU'EST-CE QU'UNE VILLE ?

Paris

LIBRAIRIE PHILOSOPHIQUE J. VRIN

6, place de la Sorbonne, V^e

2014

PLATON, *La République*, traduction française R. Baccou
© Paris, GF-Flammarion, 1966

Walter BENJAMIN, *Paris, capitale du XIXe siècle*, traduction
française J. Lacoste
© Paris, Le Cerf, 2002

© *Librairie Philosophique J. VRIN,* 2005
Imprimé en France
ISBN 978-2-7116-1799-9

www.vrin.fr

QU'EST-CE QU'UNE VILLE ?

Un objet éminemment culturel

« L'histoire de la ville est l'histoire de la civilisation »
rappelle Aldo Rossi[2] : une équivalence étroite semble
s'imposer entre l'urbanisation et la civilisation. Pourtant,
l'histoire du mot *ville* paraît ambiguë : elle se noue d'abord
dans l'univers champêtre. L'étymon latin *villa* renvoie à la
maison rurale, la ferme, ou plus tardivement la « maison de
campagne », un lieu de villégiature. Ce n'est que dans le
monde gallo-romain que « ville » prend un sens plus collectif
pour désigner un ensemble de fermes regroupées. Aussi, les
mots de *ville* et *village* présentent-ils une réelle parenté étymologique. Celle-ci est déjà l'indice que la ville et la campagne ne
sont pas des pôles contradictoires, s'excluant l'un l'autre, mais
plutôt des contraires relevant d'un même genre[3]. Car leur

---

1. L'expression de « patrie artificielle » a été utilisée, pour désigner la ville
par A. Rossi, *L'Architecture de la ville*, « Archigraphy », Gollion, Infolio,
2001, p. 33.

2. A. Rossi, *op. cit.*, p. 176.

3. « Les termes qui, dans le même genre, sont éloignés l'un de l'autre par la
plus grande distance, sont définis comme des contraires » Aristote, *Catégories*,
6 a 17, Paris, Vrin, 2004. Pour ce dernier, les contraires représentent le cas

principe d'engendrement est bien le même : il s'agit ni plus ni moins de la culture. Ce concept est d'origine romaine : il s'enracine dans le verbe *colere* qui signifie d'abord tracer un sillon, cultiver la terre, aménager la nature pour la rendre propre à l'habitation humaine. En traçant le *pomoerium* – le sillon sacré délimitant l'enceinte de Rome – Romulus n'a-t-il pas accompli l'acte éminemment culturel et cultuel ? Le verbe *colere* signifie encore prendre soin, entretenir, préserver, honorer. La culture est certes d'abord agricole, au sens propre du terme, avant de renvoyer plus spécifiquement, par usage métaphorique, aux fruits de l'esprit. Pour les Romains, la place de l'homme se situe à l'articulation de la nature et de la culture et la *villa* en témoigne. Mais dans le geste de Romulus, une autre dimension est présente : le cercle qui enceint, la haie que l'on forme est une forme ancestrale de la vie cultuelle. C'est l'enceinte qui produit le sanctuaire en le soustrayant à la vie naturelle, en le plaçant sous sa propre loi, en le destinant au divin. Le monde façonné par l'homme est conditionné en profondeur par la clôture, l'enceinte, la délimitation, au sens où elles sont censées garantir le droit et la paix. Déjà chez les Étrusques, fonder une ville renvoie à un rituel scrupuleux. Il suppose d'abord de s'assurer, par la prise d'auspices, que les dieux ne s'opposent pas au projet. Il consiste ensuite à déterminer l'*orientatio* : les deux grands axes de la ville. Il implique encore de procéder à la *limitatio* : un sillon faisant office de ligne de protection. Il requiert enfin une opération de consécration.

Ce n'est qu'à la fin du Moyen Âge que l'archaïque connotation agreste du mot « ville » disparaît pour laisser s'imposer son acception moderne : celle d'agglomération urbaine résolu-

---

extrême d'unité dans un genre, malgré les différences qui les opposent. Ici, la campagne et la ville sont pris comme des contraires, mais non des contradictoires : toutes deux contredisent plutôt la nature sauvage. Ces contraires expriment plutôt une division du travail et une complémentarité de fonctions.

ment pensée par opposition au village. Cependant, le latin disposait déjà d'autres vocables pour exprimer ce qui constitue la spécificité de la ville. Ainsi, le mot *urbs* servait à désigner la ville au sens concret, en tant qu'ensemble de maisons, d'édifices et de celui-ci apparaît dérivé l'adjectif « urbain » qui désigne d'abord l'habitant d'une ville, mais renvoie également à la notion d'urbanité comme trait caractéristique de mœurs raffinées où président la politesse, le bon ton, le langage spirituel… Quant à l'étymon latin *civitas* qui désigne la ville en tant qu'entité politique, ensemble de citoyens, il entretient des rapports étroits avec *civilitas* qui, outre la qualité de citoyen, désigne la sociabilité, la courtoisie, l'affabilité. Faire partie d'une *civitas* suppose alors avoir acquis et maîtrisé les règles de civilité. Ainsi, même si le mot de *civilisation* est apparu beaucoup plus tardivement, il intégra tout de suite toutes ces connotations urbaines : « la civilisation est l'adoucissement de ses mœurs, l'urbanité, la politesse, et les connaissances répandues de manière que les bienséances y soient observées et y tiennent lieu de lois de détail »[1]. Quant à la notion grecque de *polis*, elle désigne non seulement la ville mais aussi l'espace propre à l'exercice de la politique, en tant qu'art de régler les problèmes du vivre ensemble par la parole et par l'action, plutôt que par la violence qui fait régresser vers la férocité animale. Aristote avait déjà souligné le lien indéfectible entre une vie humaine digne de ce nom et l'existence de cités : « L'homme est par nature un animal politique (*politikon*). Et celui qui est sans cité, naturellement ou par suite des circonstances, est un être ou dégradé ou au-dessus de l'humanité »[2].

---

1. Mirabeau, cité par É. Benveniste, *Problèmes de linguistique générale*, I, Paris, Tel/Gallimard, 1995, p. 339.

2. Aristote, *La Politique*, I, 2, 1253 a 3-4, Paris, Vrin, 1970, p. 28.

Un monde d'artefacts

L'apparition des villes suppose la sédentarisation de la population humaine et les premières villes furent paradoxalement des nécropoles, dans la mesure où le culte des morts – entendu comme premier témoignage de civilisation – incitait les hommes à se donner, autour d'un tumulus, une assiette fixe[1]. L'aspiration humaine à s'épanouir au sein d'un milieu qui lui soit propre rendait nécessaire une révolution dans la façon d'habiter la nature, par laquelle celle-ci pût devenir la projection transcendantale de la condition de toute prétention à une vie spécifiquement humaine : la culture. Une ville est d'abord le cadre matériel d'une communauté humaine : la *polis* grecque est en même temps une réalité objective à l'abri de ses fortifications, appelée encore *astu*. En ce sens, elle se caractérise comme un ensemble d'artefacts constituant un monde humain. Cet ensemble de constructions artificielles qu'est une ville donne une réalité tangible à la notion de culture. Comme le remarquait Hannah Arendt, l'homme est un animal *worldly* : chacun ne peut s'épanouir qu'au milieu des autres hommes – *inter homines esse*[2] –, dans un milieu édifié artificiellement. Une ville est constituée de ces choses faites de main d'homme qui s'organisent en monde, parce que leur « choséité » même résiste au processus incessant de consommation que requiert la reproduction de la vie des gens qui s'y trouvent. Aux prises avec la nature, l'homme demeure encore sous le joug de la nécessité. Ce n'est donc que lorsqu'il élabore des objets artificiels que l'homme se construit un monde qui n'est plus soumis aux rythmes de la nature, mais porte plutôt les marques d'une histoire qui lui est propre. Nous habitons les

1. *Cf.* L. Mumford, *La Cité à travers l'histoire*, Paris, Seuil, 1964, p. 13. *Cf.* Pétra, par exemple.

2. « être parmi les hommes » : *cf.* H. Arendt, *Condition de l'homme moderne*, Paris, Calmann-Lévy, 1983, p. 16.

édifices, mais nous ne les consommons pas : ceux-ci survivent à notre propre usage et se maintiennent pendant plusieurs générations. La ville apparaît bien comme une œuvre de l'art, pris dans son acception la plus large – c'est-à-dire comme *technè*, comme capacité d'ajuster des moyens en vue d'une fin : ses traits lui ont été donnés par l'*homo faber*. Alors que la condition de l'*animal laborans* mobilise le corps, à la fois comme source de besoins et force de travail pour les satisfaire, l'*homo faber* met plutôt en œuvre la main qui entretient un rapport privilégié avec l'esprit. Un monde spécifiquement humain n'est possible que par ces villes qui opposent la résistance de leurs artefacts à la consommation immédiate et dévorante qu'imposent les cycles naturels vitaux auxquels se résume la vie organique et ses métabolismes. Un monde humain se caractérise par la permanence de certains traits sans lesquels aucun changement ne serait perceptible, ni même possible. Qu'il soit à vocation technique ou esthétique, tout art accomplit quelque chose de plus permanent que la vie. Ce n'est que parce que certaines choses maintiennent au plus haut point leur existence autour de nous que l'histoire même des hommes peut révéler son devenir et sa signification. Comme le relève Hannah Arendt :

> La réalité et la solidité du monde humain reposent avant tout sur le fait que nous sommes environnés de choses plus durables que l'activité qui les a produites, plus durables même en puissance, que la vie de leurs auteurs. La vie humaine, en tant qu'elle bâtit un monde, est engagée dans un processus constant de réification, et les choses produites qui à elles toutes forment l'artifice humain, sont plus ou moins du-monde selon qu'elles ont plus ou moins de permanence dans le monde [1].

---

1. H. Arendt, *op. cit.*, p. 108.

Une ville est toujours d'abord *du-monde* – non une émanation de la nature – et la subsistance dont font preuve ses artefacts suffit déjà à les qualifier de culturels. Car la culture ne peut se réduire à une pure activité intellectuelle : elle est tributaire d'un monde d'objets bien réels dont la durabilité manifeste la consistance et la persistance. Levi- Strauss abonde en ce sens : la ville lui apparaît aussi comme « la chose humaine par excellence »[1]. En installant l'homme dans un milieu à part, elle constitue le phénomène culturel le plus exemplaire. En ce sens, l'*urbs* est déjà *orbs*.

Un espace de liberté

Dans la Bible, la première ville Hénoch – du nom du fils de Caïn – est présentée comme l'expression d'une volonté audacieuse d'échapper à la tutelle de la toute-puissance de Dieu : « Puis Caïn s'éloigna de la face de Yahvé et il habita dans le pays de Nod, à l'ouest d'Eden. Et il connut sa femme, elle conçut et enfanta Hénoch. Et il se mit à bâtir une ville qu'il appela Hénoch, du nom de son fils ». Elle fut alors le milieu propice au développement des arts et des techniques, à travers la descendance de Caïn : Yabal le tisserand, Yubal le musicien et Tubalcaïn le forgeron. La même volonté d'émancipation anime les hommes lors de la construction de la tour de Babel : « Ils se dirent l'un à l'autre : "Allons ! Moulons des briques et cuisons-les au four". Les briques leur servirent de pierre et le bitume leur servit de mortier. "Allons ! dirent-ils, bâtissons-nous une ville et une tour dont le sommet touche le ciel" »[2]. Alors que la nature sauvage apparaît comme une pure création de Dieu, la ville circonscrit un espace propre à l'homme. Toutes ses diverses appellations – en grec, *polis* ; en latin, *urbs* ;

---

1. Cl. Lévi-Strauss, *Tristes tropiques*, Paris, Presses Pocket, 1992, p. 138.
2. *La Bible*, *Genèse*, IV.

en anglais, *town*; en allemand, *Zaun* – renvoient à l'idée de haie, de palissade en rond, de ville ceinte qui dessine les contours d'un monde spécifique à l'homme. Aussi peut-on parler à son égard d'un site transformé en aire[1] au sens où sa situation est par avance pensée et déployée par rapport aux usages que l'homme y imposera : une ville occupe un emplacement voué à déployer son espace et son temps propres et cet emplacement est en même temps un placement. Une aire est pour l'homme un espace taillé à sa mesure : une ville détermine un territoire. Ainsi en est-il du *contado* toscan, entre Florence, Sienne et San Gimignano : tous ces paysages portent à la fois la marque de la main et de la volonté humaine souveraine. Le choix du site d'une capitale illustre particulièrement le fait que l'emplacement d'une ville relève du *Nomos*[2], par opposition à la *Physis*, c'est-à-dire qu'il suppose une prise de terrain, un partage spatial susceptible d'exprimer le champ de force d'un ordre qui n'est plus celui de la nature. Mais la ville se caractérise surtout par l'établissement de lois civiles que les hommes eux-mêmes se donnent, pour affirmer ainsi leur auto-

---

1. L'aire n'indique pas seulement une surface, mais un domaine où s'étend l'activité de l'homme. Celui-ci ne se contente pas du temps naturel, mais déploie une temporalité qui lui est propre; de même, l'espace ne peut être pour lui une donnée brute : il « produit » son espace, et plus particulièrement l'espace urbain. L'homme est spatialisant, beaucoup plus que spatialisé : l'espace n'est pas simplement un milieu dans lequel nous nous trouvons, mais un moyen pour nous orienter et nous affirmer.

2. En grec, la notion de *nomos* (loi) vient du verbe *nemein* qui signifie « répartir », « partager », voire « faire paître ». Le *nomos* détermine d'abord un territoire comme lieu où l'on peut exercer sa terreur. Il est affaire de stratégie : *cf.* M. Foucault à propos de *La Métropolitée* de Le Maître, publié au XVIIe siècle, : « ...ce qui est intéressant, c'est que le rêve de Le Maître est de brancher l'efficacité politique de la souveraineté sur une distribution spatiale », *Sécurité, Territoire, Population*, Paris, Gallimard/Seuil, 2004, p. 16.

nomie. Comme l'avait souligné la philosophie antique[1], les véritables murailles de la cité sont ses lois qui, mieux que l'enceinte, à la fois la protègent et définissent les hommes qui y habitent.

La ville apparaît ainsi comme un refuge, un havre de paix – au moins partiellement. Selon un adage du Moyen Âge : « L'air de la ville rend libre »[2]. Alors que la campagne peut être perçue comme un lieu naturellement contraignant – *a fortiori* à l'époque du servage –, la ville se présente volontiers comme le symbole de l'affranchissement et de la liberté. À la campagne, l'homme semble encore exposé au despotisme de la nature et de ses cycles, tout comme il reste sous l'emprise d'un ordre traditionnel qui se veut immuable. En revanche, la ville se présente comme le creuset de la liberté. C'est effectivement à l'époque médiévale qu'une nette rupture s'est consommée entre la ville et la campagne. Les serfs pouvaient acquérir dans la cité médiévale le statut de citoyens libres. Les éléments les plus hardis de la population rurale étaient attirés par les centres urbains : rejetant les liens d'allégeance féodale, ils entraient alors dans une communauté de citoyens libres. Les bourgeois – d'abord au sens étymologique du terme : les habitants du bourg – avaient conquis leur autonomie par rapport aux féodaux et inventé le système de la commune. Celle-ci jouissait de l'autonomie administrative, militaire, juridique et politique : les bourgeois relevaient d'un droit qui leur était

---

1. « Le peuple doit se battre en faveur de la loi comme s'il s'agissait du rempart de la cité », Héraclite d'Ephèse, fragment 44, dans *Les Philosophes présocratiques*, Firbourg, Éditions Universitaire de Fribourg, 1995, p. 224.

2. « *Stadtluft macht frei* » : « C'est dans les villes d'Europe centrale et septentrionale qu'apparut la célèbre maxime : "L'air de la ville rend libre" – c'est-à-dire qu'après un certain délai, généralement relativement court, le maître d'un esclave ou d'un serf perdait le droit d'avoir recours à lui comme individu soumis à son pouvoir », M. Weber, *La Ville*, Paris, Aubier, 1982, p. 52-53.

commun et qui n'était accessible qu'à eux seuls. L'assemblée des bourgeois – appelée en Italie *parlementum* – était considérée comme l'organe souverain de la commune. Au cours de toute la période médiévale, la bourgeoisie urbaine disputa le pouvoir politique aux seigneurs, aux comtes, aux évêques et aux rois. Leurs villes apparurent comme des sociétés institutionnalisées, autocéphales et actives. Soit par lutte ouverte, soit par discussion, les villes médiévales obtenaient le droit d'ouvrir un marché, de promulguer leurs règlements, de battre monnaie, d'employer certains types de poids et mesures, de juger leurs ressortissants devant leurs tribunaux et selon leurs procédures... Au pouvoir sans frein, à l'obéissance aveugle, faisaient place – au moins dans une certaine mesure – la coopération, les obligations contractuelles, la réciprocité des devoirs et des droits. L'ordre politique n'était plus imposé du dehors, mais sa puissance émanait du groupe lui-même. Certes ces bourgeois agissaient pour promouvoir l'échange et le généraliser, mais comme l'a particulièrement souligné Henri Lefebvre, « la ville fut pour eux bien plus valeur d'usage que valeur d'échange. Ils aimaient leur ville comme une œuvre d'art parée de toutes les œuvres de l'art »[1]. La ville médiévale illustre au plus haut point la ville-œuvre fière de représenter « la patrie non mortelle d'êtres mortels »[2]. Ces bourgeois médiévaux étaient capables de dépenses improductives en investissant, pour le prestige, dans des fêtes collectives comme celles des guildes ou des corporations. Les villes du nord de l'Europe leur doivent leurs beffrois – nom qui vient d'un ancien mot allemand *Bergfrid* : « garde la paix » – qui symbolisaient leur puissance civile, leur prospérité et leur indépendance. La liberté humaine ne pourrait être éprouvée sans ce

1. H. Lefebvre, *Le Droit à la ville*, Paris, Anthropos, 1968, p. 34.
2. H. Arendt, *op. cit.*, p. 188.

cadre d'artefacts qu'est la ville : celui-ci se veut alors le théâtre privilégié des événements humains. L'homme ne peut s'accomplir dans la *praxis* que si la *poiésis*, c'est-à-dire la fabrication technique, lui a aménagé un espace propre où le temps disruptif de l'action humaine peut trouver des repères et prendre sens.

Le principe d'u-topie

La ville a été le giron de l'émancipation de l'homme parce qu'elle repose sur un principe d'u-topie, au sens étymologique du terme, c'est-à-dire de négation du lieu. Elle résulte de la structuration et du déploiement d'un espace indépendant du lieu. Comme le relève Max Weber : « Partout dans le monde, la ville fut essentiellement un rassemblement de personnes jusqu'alors étrangères au lieu »[1]. La ville est le fruit d'une disjonction fondatrice entre l'espace et le sol (*topos* ou *locus*). Elle se soustrait au génie des lieux parce qu'elle est le fruit de l'ingéniosité humaine et de ses projets. L'originalité paradoxale de la ville est d'établir l'espace du vivre-ensemble, sans que celui-ci soit déterminé dans son mode par le lieu d'origine de ses habitants et par les liens chtoniens que ce dernier induit nécessairement. Elle permet de soustraire l'homme au despotisme du terroir, déterminé par le sang et par le sol, et de mettre fin à la dictature du local. Si Athènes a pu, dans l'Antiquité, inventer à la fois la politique et la démocratie, elle le dut en grande partie à la révolution clisthénienne de son espace : l'instauration de la démocratie égalitaire présupposait un réaménagement préalable du territoire auquel se livra Clisthène, au VIe siècle avant J.-C., en développant une véritable géométrie politique qui permit de passer d'une conception

---

1. M. Weber, *op. cit.*, p. 64 : *cf.* l'influence du christianisme dans la dissolution des liens tribaux.

hiérarchique du monde et de la cité à une représentation homogène et égalitaire de l'espace urbain. Comme le souligne J.-P. Vernant :

> D'une part, les notions fondamentales pour la géométrie, de centralité, d'égalité et de réversibilité définissent un nouvel espace circulaire et homogène qui se substitue à l'espace étagé et valorisé des anciennes cosmogonies. D'autre part, ces mêmes notions président à l'apparition d'une organisation politique nouvelle : ce sont celles qui contribuent à ordonner la cité, en déployant un nouvel espace civique conforme aux principes de la publicité du discours, de l'égalité devant la loi et de l'interchangeabilité des citoyens [1].

En neutralisant les accointances chtoniennes de l'espace, Clisthène mit fin au principe gentilice qui le régissait et favorisa l'émergence d'un *démos* urbain relevant d'un idéal d'isonomie. Celui-ci permit de ne plus faire appel à quelque personnage extraordinaire – législateur étranger, tyran, etc. – pour régler les problèmes de la cité, mais de compter sur le fonctionnement normal de ses institutions et sur le respect de ses propres lois.

La ville émancipe l'homme par son pouvoir d'illocation ou de dislocation du lieu [2]. Cet arrachement au lieu a marqué la fin du déterminisme du lignage clanique et ethnique : il a permis l'acquisition d'une nouvelle identité, au sein de la ville. Ici encore, la commune médiévale apparaît paradigmatique : elle reconnaissait l'autonomie de l'individu et ne voyait plus en lui l'émanation d'une lignée clanique, mais en même temps elle favorisait un nouveau type de collectivité humaine formée de citoyens librement associés et fondée sur des conventions qui

---

1. J.-P. Vernant, *Espace et organisation politique en Grèce ancienne* dans *Mythe et pensée chez les Grecs*, Paris, Maspero, 1965, p. 207-229.
2. *Cf.* L. Marin, *Utopiques : jeux d'espace*, Paris, Minuit, 1973, chap. 13.

requerraient un engagement personnel[1]. La ville médiévale est apparue comme un lieu de fraternisation communautaire relevant du serment. Cette communauté fondée sur la foi jurée prenait légalement la forme d'une corporation. Les corporations formaient la trame fondamentale de la vie urbaine médiévale. La *conjuratio* désignait ce serment par lequel les membres d'une association s'engageaient à se prêter mutuellement secours et assistance. Comme le dit Max Weber, le groupement des bourgeois était le produit d'une « sociation » :

> Nous appelons « sociation » (*Vergesellschaftung*), une relation sociale lorsque, et tant que, la disposition de l'activité sociale se fonde sur un compromis (*Ausgleich*) d'intérêts motivé rationnellement (en valeur et en finalité) ou sur une coordination (*Verbindung*) d'intérêts motivée de la même manière. En particulier, la « sociation » peut se fonder sur une entente (*Vereinbarung*) rationnelle par engagement mutuel (*gegenseitige Zusage*)[2].

Une entente rationnelle à propos d'intérêts consciemment partagés devenait ici la clef de la constitution des villes. Les obligations que faisaient respecter les corporations façonnaient une identité nouvelle qui supplantait celle provenant de liens familiaux. En ce sens, le développement des corporations correspond à l'émergence d'une famille de substitution, au sein de la société civile. Hegel a souligné comment la vie des corporations « sursume » la vie familiale, au sens où elle reconstitue une fraternisation au cœur même des activités professionnelles propres à la société civile. En faisant fond sur

---

1. « C'est dès le début de son existence que la ville médiévale fut une "commune", de la même façon que l'on acquit la conscience claire du concept légal de corporation », Weber, *La Ville*, Paris, Aubier, 1982, p. 58.

2. Weber, *Économie et société*, I, Paris, Pocket, 1995, p. 78. « Ces villes formaient de véritables "associations" », Marx, *L'Idéologie allemande*, Paris, Éditions Sociales, 1968, p. 82.

le clivage entre la société civile et la famille, Hegel relève qu'il recoupe l'opposition entre la ville et la campagne :

> la première étant le siège de l'industrie bourgeoise, de la réflexion repliée sur soi et s'individualisant, la seconde le siège de la vie éthique qui repose sur la nature – autrement dit, d'une part les individus qui assurent leur propre conservation par l'intermédiaire d'un rapport avec d'autres personnes juridiques et, d'autre part, la famille [1].

L'opération fondamentale qui fait surgir une ville est l'acte u-topique, par définition : le non proclamé à l'espace naturel entendu comme un système lié de lieux dits. Ainsi, en fondant Rome, Romulus transfère un ordre du ciel – le *templum* – sur terre. Puis avec le *liuto*, le bâton courbé, il coupe l'horizon en traçant le *decumanus*, qui va d'est en ouest, et le *cardo*, du nord au sud. La projection du *templum* sur le *terrenum* qui fait passer au centre de l'*urbs* un axe de l'univers d'où partent le *decumanus* et le *cardo*, comme deux lignes idéales qui se propagent à l'infini, apparaît comme la substitution d'un espace géométrique abstrait et transcendant à la topographie et à la géographie des lieux. Cette structure géométrique ouverte à l'infini se révélera une arme de colonisation redoutable et un instrument d'homogénéisation des mœurs : elle sera d'autant plus exportable jusqu'aux confins de l'empire romain qu'elle pouvait être répliquée sans se soucier de la diversité des lieux. Ce qui s'engouffre dans ce hiatus créé par la ville entre l'espace et le lieu n'est autre que l'historicité humaine. La ville repose sur un principe d'arrachement au lieu, aux pesanteurs de l'ici et du maintenant. C'est pourquoi elle porte en son sein un principe de contestation du donné immédiat et les grandes utopies des villes humaines comme la Babel de la Bible, la

---

1. Hegel, *Principes de la philosophie du droit*, § 256 Rem., trad. fr. R. Derathé, Paris, Vrin, 1986, p. 257 ; sur la corporation comme famille de substitution, *cf.* § 252.

Callipolis de Platon, ou la ville d'Amaurote de Thomas More [1] dans *Utopia* ne font encore que décliner sous une forme hyperbolique ce qui semble bien être la caractéristique de toute ville. Construire Venise sur une lagune [2], St-Pétersbourg sur des marécages ou les villes hollandaises sur des polders témoigne de cette volonté faustienne [3] de ne pas se laisser dicter sa loi par la nature, de défier son caractère hostile, de dompter ses traits inhospitaliers – fussent-ils insalubres – et de lui substituer un ordre construit à contre-lieu. D'une manière plus générale, la ville contemporaine se caractérise par la conquête de la verticale qui la délie de l'espace de tous les lieux, c'est-à-dire le sol, et qui la fait apparaître en suspension, entre ciel et terre. La ville verticale met fin à l'aplatissement rampant de l'habitat humain. Comme le souligne Louis Marin :

> Faire de la verticalité un «élément volumétrique nouveau» dans l'édifice ou dans la ville, c'est, par une opération primitive, faire basculer la réalité urbaine et architecturale dans l'u-topie. C'est entrer d'un seul coup dans la dimension utopique de la réalité, dans l'autre de la réalité, dans la différence pure de la topographie [4].

Cependant cet « autre de la réalité » n'est pas une irréalité, mais une réalité totalement artificielle, une surréalité consti-

---

1. Ce grand juriste et diplomate rêvait d'un nouvel ordre social où la misère n'engendrerait plus le vol, où la propriété privée serait abolie et où surtout le mouvement des *enclosures* – qui marqua l'accumulation primitive du capital – serait enrayé.

2. « Située dans un lieu bas et marécageux, Venise dut la salubrité à la soudaine affluence de ses habitants (...). Le concours nombreux des réfugiés rendit bientôt ces lieux propres à être habités, et même délectables », Machiavel, *Histoires Florentines*, II, 1 et I, 29, dans *Œuvres COmplètes*, « Bibliothèque de La Pléiade », Paris, Gallimard, 1952, p. 986 et 1000.

3. *Cf.* Goethe, *Second Faust*, IV et V, Paris, GF-Flammarion, 1990, p. 425 et 462.

4. L. Marin, *op. cit.*, p. 331.

tuée de méga-objets qui se présentent tout autant comme des méta-objets, c'est-à-dire des objets qui ne se réduisent pas à leurs caractères strictement physiques, mais sont capables d'être le vecteur de propriétés esthétiques, éthiques, etc.

La ville aux prises avec la barbarie

Si l'histoire de la ville se confond avec l'histoire de la civilisation, la destruction d'une ville est apparue *a contrario* comme le plus sûr moyen de porter atteinte à la civilisation. Les premières villes furent victimes de la haine des peuples nomades : Tartares, Mongols, Huns, etc. Mais la Bible elle-même est remplie de malédictions contre la ville : Babel, Sodome et Gomorrhe, Jéricho... De même, la concurrence entre les civilisations s'est traduite le plus souvent par la destruction des villes rivales. Raser une ville a souvent été considéré comme le moyen d'affirmer une domination hégémonique. Ainsi, les deux capitales de l'Égypte antique – Memphis et Thèbes – furent anéanties par les Babyloniens et les Assyriens. En 586 av. J.-C., Nabuchodonosor rasa une première fois Jérusalem et emmena les juifs en captivité à Babylone. Pour un Romain, *Carthago delenda est*. Mais Rome détruisit bien d'autres villes comme Capoue, Corinthe, Palmyre et même Jérusalem pour la seconde fois, en l'an 70 de notre ère. Chaque ville de la Renaissance apparaît aussi comme une *Belli Civitas*. À travers la destruction des villes, une culture prouve combien elle peut se montrer intolérante et barbare vis-à-vis d'une autre : la destruction de Tenochtitlan, capitale des Aztèques, par Cortez, en témoigne. Car s'il peut exister une barbarie pré-culturelle, c'est-à-dire par absence de culture, il se produit également une barbarie post-culturelle, comme manifestation de la suprématie d'une culture sur d'autres dont elle se refuse à admettre la différence. L'ethno-centrisme conduit effectivement à un autisme culturel propice à toutes les violences. À notre époque, au cœur de l'Europe, la destruction de Vukovar comme celle vainement tentée de Sarajevo témoignent de ce risque permanent. À New-York, la destruction des *Twin Towers* – véritables tours de Babel contemporaines – a frappé de stupeur : d'un seul coup, l'évidence de la grandeur symbolique de *Manhattan* n'allait plus de soi[1]. Aucune culture n'est à l'abri d'actes de barbarie, mais aucune culture ne peut elle-même se prévaloir de n'en avoir commis aucun : « Il n'est pas de témoignage de culture qui ne soit même temps un témoignage de barbarie » disait Benjamin[2]. Les formes extrêmes de violence touchant les villes et leurs territoires peuvent s'accompagner également de prises de guerre qui viennent enrichir les musées des vainqueurs, voire être exhibées de manière ostentatoire au cœur même de leurs propres villes : à Paris, l'obélisque de la place de la Concorde le confirme.

Mais il ne suffit pas encore de reconnaître qu'une culture peut se comporter de manière barbare vis-à-vis d'une autre, la barbarie apparaît aussi comme un phénomène endogène à une culture et des villes peuvent elles-mêmes engendrer leur propre barbarie. La ville carbonifère au XIXᵉ siècle en témoigne[3]. Alors que les quatre institutions majeures de la ville soumise auparavant au souverain absolu étaient le palais, la trésorerie, la prison et la maison des fous, les emblèmes de la ville carbonifère sont la banque, la mine, l'usine et les voies

---

1. Yamasaki et L. Roberston furent respectivement l'architecte de ces tours et l'ingénieur qui les construisit.

2. W. Benjamin, *Sur le concept d'histoire*, *Œuvres* III, Paris, Folio Essais, 2000, p. 433.

3. « Les travaux de construction dépendent dorénavant des banquiers, des industriels et des inventeurs de nouveaux procédés techniques. Ce sont eux qui (…) fondèrent un nouveau type de cité que Dickens devait nommer dans *Les Temps difficiles* "La ville carbonifère (*Coketown*)" », L. Mumford, *op. cit.*, p. 560.

ferrées. Le sol urbain comme le travail sont alors réduits à n'être plus qu'une marchandise : la ville industrielle fut le lieu de prédilection du fétichisme de l'argent, de l'aliénation et de la déshumanisation. La cité ne fut plus considérée comme une institution d'intérêt public, mais comme une grande affaire mercantile. Les voies fluviales et maritimes avec leurs docks, les voies ferroviaires et routières cloisonnèrent les quartiers et favorisèrent paradoxalement l'incommunicabilité. L'abolition des corporations héritées du Moyen Âge provoqua un état d'insécurité permanent de la classe ouvrière. S'installant au cœur des villes, les usines provoquèrent un afflux incontrôlé de population qui connut des conditions de travail et d'habitat pires qu'au temps de l'esclavage antique [1]. L'insécurité sociale fut l'un des aspects de cette violence induite par la généralisation de la concurrence sauvage. Malsaine dans tous les sens du terme, « la cité carbonifère portait les stigmates de la nuit » [2]. Au fond de cette nuit, le *Lumpen-prolétariat* vivait dans les conditions les plus insalubres et privé des droits les plus élémentaires. Quant à l'environnement, il apparaissait totalement sacrifié et sa pollution pestilentielle [3] se concentrait aussi bien dans ses eaux que dans son atmosphère – comme dans le fameux *smog* londonien. Alors que la ville nous est apparue comme un objet caractérisé par sa valeur d'usage, la généralisation de l'échange marchand, à l'ère industrielle, lui a systématiquement ôté ce trait fondamental, pour la réduire à n'être

---

1. *Cf.* P. Blanquart, *Une Histoire de la ville*, chap. 6, Paris, La Découverte, 1997. Manchester comptait environ 40 000 habitants en 1760; mais ce chiffre fut multiplié par dix, en un siècle : la construction des grandes usines s'effectua vers 1820.

2. L. Mumford, *op. cit.*, p. 589.

3. « Rien de plus caractéristique et de plus affligeant que l'aspect de l'Irwel qui traverse l'agglomération (*Manchester*) (…) elle ressemble plus à un large déversoir à purin qu'à un cours d'eau », H. Miller cité par Mumford, *op. cit.*, p. 575.

plus que valeur d'échange, une marchandise vouée à la licence
de la spéculation commerciale et financière. De la ville-œuvre,
nous sommes passés à la ville-produit.

Machiavel et Montesquieu avaient insisté sur le fait que les
causes de la décadence des Romains étaient à chercher dans
la déliquescence de leurs propres mœurs : l'irruption de la
barbarie se nourrit souvent de ferments corrupteurs internes,
plutôt que de facteurs externes. Claude Lévi-Strauss pointe la
déshumanisation des villes du Nouveau Monde :

> Un esprit malicieux a défini l'Amérique comme un pays qui a
> passé de la barbarie à la décadence sans connaître la civili-
> sation. On pourrait, avec plus de justesse, appliquer la formule
> aux villes du Nouveau Monde : elles vont de la fraîcheur à la
> décrépitude sans s'arrêter à l'ancienneté [1].

Ainsi, ces villes n'auraient pas su mûrir, à la différence des
villes d'Europe. Les villes américaines s'enorgueillissent
d'être neuves, mais le malheur est qu'elles semblent incapables de le rester : alors que pour les villes européennes, le
passage des siècles apparaît comme une bonification ; pour les
américaines, celui des années s'avère être une épreuve désta-
bilisante. Aussi, les villes américaines ressemblent beaucoup
plus, selon Lévi-Strauss, à des édifices de foire : à une « exposition internationale édifiée pour quelques mois », puis laissée
à l'abandon. Le jugement apparaît forcé et injuste : Paris ne
doit-elle la tour Eiffel dont elle est si fière qu'à ce genre de
manifestation ? Mais Levi-Strauss a le mérite de souligner que
le type même de la ville « jeune » peut pourtant souffrir d'une
« maladie chronique », et plus précisément d'une pathologie
dans son rapport au temps, comme si son illusion était de
croire que la conquête de la verticalité pouvait suffire à assurer

---

1. Lévi-Strauss, *op. cit.* p. 105.

son identité, sans se soucier de la dimension de l'historicité pourtant spécifique à l'homme [1].

Si la ville a pu être le berceau de la démocratie, elle est devenue aujourd'hui le symbole de la massification qui n'en est que la caricature. La ville a grandi en se développant comme une machine thermodynamique ne fonctionnant qu'à partir de différences de potentiel thermique : celles-ci prennent la forme de la discrimination et de l'exclusion sociales. Chaque époque de la ville a été confrontée à de nouveaux parias : les esclaves dans l'Antiquité, la plèbe ensuite, le tiers-état, les prolétaires et le *Lumpen-prolétariat*, les femmes, et aujourd'hui les chômeurs, les *SDF* ou les « sans papiers »… L'expansion du milieu urbain contemporain semble même régie par une logique d'absorption excluante. Aussi ne faut-il pas s'étonner qu'il soit encore la scène de flambées de violence. Quand celle-ci est considérée comme une fin en soi, elle prend une tournure exclusivement nihiliste. En raison même de la promiscuité qu'elle crée entre les hommes, du déficit de médiations établies entre eux, du côtoiement incessant et brutal qu'elle induit, une ville peut être criminogène et favoriser délinquance et incivilités. Elle génère la corruption [2]. En ce sens, toute ville peut devenir une jungle [3], hantée par une faune hybride. Les forces de la dispersion, de la dégradation

---

1. « En visitant New-York ou Chicago en 1941, en arrivant à Sao Paulo en 1935, ce n'est donc pas la nouveauté qui m'a d'abord étonné, mais la précocité des ravages du temps. Je n'ai pas été surpris qu'il manquât à ces villes dix siècles, j'ai été saisi de constater que tant de leurs quartiers eussent déjà cinquante ans », Lévi-Strauss, *op. cit.*, p. 106.

2. La prostitution a été considérée comme un « égout séminal » par Parent-Duchatelet, le père de l'hygiénisme.

3. *Cf.* Brecht, *Dans la Jungle des villes*, Paris, L'Arche, 1987. Le titre de la première édition était : *Im Dickicht der Städte*, « dans le maquis des villes ». Les noms de personnages indiquent volontairement une involution vers une situation préculturelle : « le *Lombric* », « le *Babouin* », la complainte de l'« *homme-bouledogue* », etc.

l'emportent alors. La ville contemporaine est tellement devenue le symbole de conduites hors-la-loi que certains de ses
quartiers sont considérés comme des zones de non-droit. Nous
assistons alors à l'exclusion des institutions symboliques
elles-mêmes : celle-ci est lourde en conséquences de désubjec-
tivation. Si le travail institutionnel consiste à produire – grâce à
un montage symbolique – des possibilités d'identification des
individus en sujets et en personnes, l'irruption de la barbarie
est concomitante de la désymbolisation et d'une involution
vers le magma informe dans lequel nous sommes tous, au
départ, immergés. Sous sa forme extrême, la ville massifiée
construite pour produire la mort – éthique, civique et physique – n'est autre que le camp d'extermination des « rayés » :
Auschwitz-Birkenau en fut le témoignage le plus tragique. À
New-York, l'effondrement des *Twin Towers* symbolise également cette régression qui peut tous nous menacer : le *ground
zero* montre que le béton, l'acier et les hommes se sont fondus
ensemble et, devenus magma, sont retournés à l'indifféren-
ciation. La violence qui surgit est toujours concomitante d'une
rupture de communication ou le symptôme d'une pathologie
de la fonction symbolique propre au langage. Car la crise de la
ville massifiée d'aujourd'hui est aussi une crise culturelle,
au sens où la culture est un univers de sens, un ensemble de
formes symboliques par lequel l'homme trouve à s'orienter
dans son existence.

Une communauté symbolique

La culture naît de la fonction symbolique de l'homme.
Grâce à celle-ci, l'homme a su se distancier du règne de la
nature, se dégager de celui-ci, pour établir ses propres repères
et valeurs. Ainsi, il a conquis le pouvoir de surmonter la fascination pour la présence compacte des choses et s'est donné les

moyens, grâce au langage, d'accéder à la représentation du réel.
Au lieu de rester, comme l'animal, englué dans la vie immédiate, de se laisser absorber par elle, l'homme s'est efforcé de
mettre les choses à distance, grâce aux formes symboliques qui
permettent l'émergence d'un champ de possibles : « L'homme
ne peut plus se trouver en présence immédiate de la réalité ; il
ne peut plus la voir, pour ainsi dire, face à face. La réalité
matérielle semble reculer à mesure que l'activité symbolique
de l'homme progresse » dit Cassirer[1]. Le symbole est ouverture et expérience de liberté. La vie culturelle de l'homme
se joue avant tout dans les formes symboliques. Symboliser
consiste à cultiver du sens en conduisant le réel à se dépasser et
en délivrant en lui une richesse insoupçonnée, au point d'assurer ainsi la déhiscence d'un monde humain. Or, si la ville peut
elle-même engendrer de la barbarie, celle-ci résulte de la crise
des formes symboliques qui sont censées la constituer. La
violence urbaine est la plupart du temps symptomatique
d'un déficit des dispositifs symboliques, sur lesquels repose
pourtant toute ville. En fin de compte, un profond malentendu
peut s'établir sur la dimension culturelle de la ville. Certes,
cette dernière est étroitement liée au fait qu'une ville est une
production humaine, un produit de l'art, au sens le plus large,
c'est-à-dire de la *technè* humaine. Une ville résulte d'une
transformation de la nature et nous fait entrer dans un univers
artificiel, de part en part fabriqué, par opposition à la nature
sauvage. L'homme y apparaît comme un *worldmaker*[2]. Mais
une ville ne peut se réduire à un ensemble de constructions.
Encore faut-il que celles-ci permettent l'épanouissement

---

1. E. Cassirer, *Essai sur l'homme*, Paris, Minuit, 1975, p. 43.

2. *Cf.* N. Goodman, *Manières de faire des mondes*, I, 4, Nîmes, Chambon,
1992, p. 15. Il précise qu'il ne peut s'agir d'une création *ex nihilo* : « Pour
construire le monde comme nous savons le faire, on démarre toujours avec des
mondes déjà à sa disposition ; faire, c'est refaire », p. 15.

culturel des habitants eux-mêmes, c'est-à-dire de leur aptitude à symboliser. Dans la culture humaine, la fonction symbolique est première : elle se situe au cœur de la production des artefacts qui suppose un travail préalable de modélisation, mais elle s'avère également indispensable pour permettre l'habitation de ces derniers et y inventer le sens de son existence. Si cette aptitude à la symbolisation disparaît, le monde ne peut prendre forme et la violence surgit.

Si la ville est un monde, elle présente aussi un envers et celui-ci peut être immonde : elle peut apparaître comme un chaos barbare. Le *mundus* peut être en même temps *immundus*. Effectivement, le *mundus* est aussi le trou : dans la ville italiote, le monde tourne autour d'un trou sacré-maudit, fréquenté par les forces de la mort et de la vie [1]. Alors que dans la cité grecque triomphe, non sans tensions, l'esprit apollinien, dans la cité étrusco-romaine surgit le côté démoniaque de l'urbain. Le *mundus* était cette fosse – le trou du réel, l'abîme du symbolique – où l'on jetait les nouveaux-nés refusés par le père ; c'était encore le lieu où l'on jetait les ordures, les condamnés à mort, tout ce qui apparaissait maudit, damné, c'est-à-dire relevant du sacré noir : *Sacer esto* ! Ce trou apparaissait comme une réserve d'énergie reliant la vie et la mort. Il témoignait que le monde et l'immonde pouvaient demeurer en sourde relation. Car l'organique ne puise ses racines que dans l'humus, c'est-à-dire cette sédimentation produite par la décomposition due à la mort. Cette dimension immonde se retrouve dans les mégapoles de l'Inde dont parle Lévi-Strauss :

1. « Le *Mundus*. La bourgade italiote entoure ce lieu sacré-maudit. C'est un trou : dépôt des immondices, décharge publique (…) vagin de la terre mère et nourricière, sombre corridor venu des profondeurs, caverne s'ouvrant vers les clartés, estuaire de forces cachées, bouche d'ombre, le "*mundus*" terrifie et glorifie (…). *Mundus est immundus* », H. Lefebvre, *La Production de l'espace*, Paris, Anthropos, 2000, p. 280.

Les grandes villes de l'Inde sont comme une zone ; mais ce dont nous avons honte comme une tare, ce que nous considérons comme une lèpre, constitue ici le fait urbain réduit à son expression dernière : l'agglomération d'individus dont la raison d'être est de s'agglomérer par millions, quelles que puissent être les conditions réelles. Ordure, désordre, promiscuité, frôlements ; ruines, cabanes, boue, immondices ; humeurs, fiente, urine, pus, sécrétions, suintements : tout ce contre quoi la vie urbaine nous paraît être la défense, tout ce que nous haïssons, tout ce dont nous nous garantissons à si haut prix, tous ces sous-produits de la cohabitation, ici ne deviennent jamais sa limite [1].

Mais toute ville peut être menacée par la décomposition, qu'elle soit prise au sens propre ou figuré : déjections et détritus, déliquescence morale et décadence politique. Alors que la ville se caractérise par l'instauration de médiations symboliques pour tisser les rapports humains, elle demeure toujours menacée d'être rattrapée par ses immondices et son envers immonde. Ceux-ci rappellent que la nécessité implacable des cycles indifférenciés de la vie naturelle et leur violence peuvent toujours reprendre le dessus sur la prétention à déployer le sens de son existence dans le seul milieu qui lui soit propice : celui de la culture et de l'historicité. Une ville se présente comme ce milieu ambigu qui prend ses distances avec la nature sauvage, mais qui demeure sans cesse exposé à la régression.

Cependant, la violence dont la ville est capable ne se réduit pas à l'expression d'un « retour du refoulé » et nul ne peut se contenter de l'explication moralisatrice dissertant sur l'homme aux prises avec sa nature animale. Car la violence urbaine possède des causes endogènes, liées aussi aux procédures censées gérer ce fond d'animalité. L'excès même de maîtrise peut produire les pires frustrations et conduire à des gestes

1. Lévi-Strauss, *op. cit.*, p. 151.

désespérés. La violence qui éclate en milieu urbain est le plus souvent l'effet des structures mêmes de la ville, c'est-à-dire d'abord – et étymologiquement – des constructions qui la caractérisent. C'est pourquoi paradoxalement, concevoir la gestion de la ville comme une affaire de flux ou de cycles à normaliser conduit également à rabattre la dimension politique de l'homme et à réduire les enjeux de ses dysfonctionnements. Personne ne peut nier qu'une ville demeure au confluent de la nature et de l'artifice[1], mais se contenter de gérer une ville de ce point de vue ne peut être qu'extrêmement réducteur. Plus globalement, traiter la ville comme un vaste organisme vivant ne peut mener qu'à des malentendus pernicieux. Car une telle approche fait nécessairement violence à ce qui constitue la spécificité de l'homme : la liberté, l'initiative dans l'action, la volonté de se définir par l'histoire plutôt que dans la naturalité. L'homme ne peut exercer de prise sur son existence que grâce à l'activité politique et l'histoire, non en se considérant comme un être naturel. Aussi, toute conception biopolitique de la gestion de la ville ne peut apparaître que comme une impasse : la biopolitique ne fait encore qu'entériner l'homme dans sa naturalité organique et rabat l'existence sur les nécessités de celle-ci. Les critères de la biopolitique ne peuvent conduire qu'à une normalisation sclérosante de l'homme, parce qu'ils oublient l'essentiel : la question de la liberté. Une approche biopolitique des problèmes de la ville ne permet pas de prendre en compte le citoyen dans le citadin. La liberté se joue dans l'historicité et non dans la simple régulation de cycles organiques. Toute ville inscrit symboliquement dans son espace l'histoire humaine dont elle participe : aussi commettrait-on une grossière erreur en prétendant ne la traiter que comme une entité spatiale. Œuvre de *poiésis*, une ville est aussi et surtout le milieu de la *praxis* et de son histo-

---

1. Lévi-Strauss, *op. cit.*, p. 138.

ricité. Une ville n'est pas seulement vouée à l'artificialité, mais elle est aussi un espace conquis que l'homme peut appréhender comme un « chez soi » acquis, une « patrie » : l'unité y surmonte alors la multiplicité, mais toujours d'un point de vue différencié, propre à chaque ville. L'histoire constitue la seconde nature de l'homme et le régime de l'action politique est le seul moyen qui lui permette d'unifier l'expérience – que l'entendement est à lui seul bien incapable de réaliser[1] – afin de lui donner un sens. Une politique de la ville ne peut donc être digne de ce nom qu'à condition d'être aussi une politique de la cité. Pour apparaître comme le milieu privilégié de la liberté humaine, la ville doit sans cesse reconquérir son véritable droit de cité.

HABITER LA VILLE

Une ville se présente d'abord comme un ensemble de constructions où logent ses habitants. En ce sens, elle résulte avant tout d'une *poiésis*, d'une production technique faisant intervenir des professionnels : urbanistes, architectes, ingénieurs, maîtres d'œuvres, ouvriers du bâtiment, etc. Le but de cette production technique consiste à édifier des constructions utiles[2] à la population. En un mot, une ville est le fruit d'une activité humaine spécifique dont la finalité est de produire de l'habitable. La notion d'architecture vient du grec *architekton*

---

1. À l'entendement, le réel ne se livre que par fragments et par esquisses. En revanche, l'action est seule capable de dessiner un sens qui prend alors l'allure d'un destin et qui réalise la synthèse de l'intériorité et de l'extériorité.

2. *Construere* signifie, en latin : entasser avec ordre, ranger, bâtir, édifier. La racine *struere* veut dire faire en disposant par couches, bâtir, ériger, dresser. Construire suppose d'établir une structure (*structura*). Édifier (*aedificare*) signifie faire (*facere*) des *aedes*, c'est-à-dire des maisons, d'où bâtir une construction. Bâtir vient du francique *bastjan* qui veut dire construire.

qui signifie « celui qui dirige un travail, une construction ». Le
tekton est l'ouvrier qui travaille, le constructeur. L'architecte
serait donc celui qui commande l'activité même de construction [1] : il était parfois appelé « le maçon qui connaît le latin » !
Cependant, si l'architecture en tant que pratique technique
poursuit nécessairement une utilité, l'habitable ne peut être
pensé uniquement selon le critère d'une fonctionnalité ne
visant à produire qu'une « machine à habiter » [2]. Un tel fonctionnalisme conduit à postuler que les formes architecturales
devraient laisser transparaître la fonction de la manière la plus
immédiate : la forme n'aurait pour tâche que de dire la fonction.
Ce principe se retrouve chez la plupart des *designers*, pour qui
l'espace devrait être immédiatement approprié à la société
entière et l'utilité de notre environnement immédiatement
décodable. Or, l'inhérence de la fonction à la forme rend
instantanée la lecture, le geste, l'acte. Cette transparence
formelle-fonctionnelle apparaît extrêmement appauvrissante,
vis-à-vis du sens que l'on accorde à l'existence [3]. Rechercher
la visibilité immédiate de la fonction conduit à faire croire que
l'habitation relèverait beaucoup plus de l'*intuitus* que de
l'*habitus*. Habiter ne se réduit pas à disposer d'un habitacle et
renvoie plutôt à un *habitus*, puisque le « chez soi » est toujours
le prolongement même d'une personnalité qui rayonne dans

1. Dans le *Timée* de Platon (28c), le Démiurge est appelé *tektainoménos*.

2. *Cf.* Le Corbusier, *Vers une Architecture*, sections IV et VI, Paris,
Éditions Vincent, Fréal et Cie, 1958.

3. « La technicisation a rendu précis et frustes les gestes que nous faisons.
Elle les plie aux exigences intransigeantes, et pour ainsi dire privées d'histoire,
qui sont celles des choses (…). S'il y a dépérissement de l'expérience acquise,
la faute en revient pour une très large part au fait que les choses étant soumises à
des impératifs purement utilitaires, leur forme exclut qu'on en fasse autre chose
que de s'en servir ; il n'y est plus toléré le moindre superflu, ni dans la liberté des
comportements ni dans l'autonomie des choses, or c'est ce superflu qui peut
survivre comme un noyau d'expérience car il ne s'épuise pas dans l'instant de
l'action », Adorno, *Minima moralia*, Paris, Payot, 1980, p. 37.

son environnement (d'où le lien entre *habere* et *habitare*). Il serait tout à fait simpliste de réduire l'habitation au logement, c'est-à-dire au simple fait de disposer d'immeubles construits pour s'y abriter. L'habitation n'est pas déterminée par la nécessité vitale de se mettre à l'abri du monde extérieur et ses éléments structurels ne peuvent se contenter de refléter une utilité immédiate : elle se définit plutôt comme le déploiement d'un espace propre[1]. S'il est vrai que l'habitation est un acte éminemment culturel, l'inhabitable absolu correspond à la nature sauvage : la *rohe Natur* défie toute manipulation humaine. Sa puissance déroutante peut susciter le sentiment du sublime, mais l'homme ne peut y séjourner qu'à condition de la dompter, de la transformer en lui imposant des fins humaines. Mais inversement, il ne suffit pas de construire des immeubles, d'édifier des logements pour que ceux-ci apparaissent immédiatement habitables. Rien n'est pire que de confondre l'habitation avec le logement : le principe du HLM en témoigne qui passe par une mise aux normes dimensionnelles de l'espace quotidien implacable[2]. Être logé, c'est être incrusté dans un espace objectif tout prêt : le logement est une « notion essentiellement arythmique »[3]. Trouver une place dans un appartement compartimenté, segmenté ne suffit pas

---

1. « L'homme est le premier à découvrir le monde intime par l'intermédiaire de l'espace intime – un espace qui n'appartient qu'à lui, qui non seulement le met en sûreté, mais à l'intérieur duquel il modèle tout à son image (…) la création d'un monde propre *comme réalité physique*, c'est la maison (…). L'être d'un chez soi, c'est, au fond, un être qui comporte une distance, une médiation, un détour », J. Patocka, *L'espace et sa problématique*, dans *Qu'est-ce que la phénoménologie ?*, Grenoble, Million, 2002, p. 272-275.

2. Une politique de logement social ne peut à elle seule suffire : elle implique une politique de l'habitation. « La véritable crise de l'habitation réside en ceci que les mortels en sont toujours à chercher l'être de l'habitation », Heidegger, *Bâtir, Habiter, Penser*, dans *Essais et conférences*, Paris, Tel-Gallimard, 1980, p. 193.

3. H. Maldiney, *L'Architecture au corps*, Ousia, Bruxelles, 1997, p. 18.

encore à garantir une habitabilité. Bien qu'elle soit un ensemble de constructions, une ville peut produire de l'inhabitable. Le paradoxe est que la ville, œuvre de l'*homo faber* soumise à l'objectif d'utilité, puisse pourtant se prêter si peu à l'usage, au point de devenir inhabitable.

La tension entre le bâtir et l'habiter

Une ville devient aliénante quand nous avons perdu l'habitude de l'habiter. Les habitants sont parfois dépossédés de leur possibilité d'habiter la ville. Pour éclairer ce paradoxe, il faudrait reprendre la distinction établie par Heidegger entre bâtir et habiter. Bâtir est un métier qui relève de professionnels, mais qui n'est somme toute qu'un moyen, alors qu'habiter est une fin, parce qu'il s'agit du mode de vie même de l'homme en tant qu'être au monde : « Habiter serait ainsi, dans tous les cas, la fin qui préside à toute construction. Habiter et bâtir sont l'un à l'autre dans une relation de moyen à fin »[1]. Certes, nous les humains, nous devons construire le monde dans lequel nous nous proposons de vivre. Mais un ensemble de constructions ne constituent pas pour autant un « chez nous ». Comme dit Heidegger : « Aujourd'hui les demeures peuvent même être bien comprises, faciliter la vie pratique, être d'un prix accessible, ouvertes à l'air, à la lumière et au soleil : mais ont-elles en elles-mêmes de quoi nous garantir qu'une *habitation* a lieu ? »[2]. Habiter ne signifie pas simplement élire domicile, mais veut dire organiser son monde autour d'un centre de référence, faire rayonner un espace de significations qui nous le rend complice, faire du lieu un espace de rencontre : l'environnement devient alors un milieu familier (*Umwelt*). Car le milieu n'est pas un espace indifférent auquel chacun serait assigné, mais renvoie à son sens

1. Heidegger, *op. cit.*, p. 171.
2. Heidegger, *op. cit.*, p. 171.

originel : le milieu est au centre et le centre à partir duquel les
significations surgissent n'est autre que l'homme lui-même en
relation avec les autres hommes. Ainsi se crée, autour de notre
habitation dans le monde, une proximité qui ne se réduit pas à
une distance annulée dans l'espace. Alors que le logement ne
prend en considération l'insertion de l'homme que comme
corps-objet, l'habitation d'un espace est fonction du corps
propre, de ses coenesthésies et de ses kinesthésies. L'habitation engage le corps-sujet[1] de l'homme. À un espace organisé
selon un principe analytique qui vise à segmenter et compar-
timenter, se substitue alors un espace dont les parties sont
spontanément synthétisées autour de cette force attractive
qu'est la personne humaine incarnée : celle-ci surmonte
l'espace éclaté dans lequel on veut parfois l'insérer. Nous
retrouvons ici un espace qualifié où il s'agit de déployer un
milieu à partir de son corps propre plutôt que de s'en tenir à un
espace réceptacle. Ainsi, l'habitation renvoie à des usages et
non à une simple fonctionnalité planifiée.

Une ville est constituée de bâtiments qui ont été construits
selon un plan prémédité, mais ceux-ci sont voués à des usages
qui ne se laissent pas établir abstraitement. Dès lors, une
tension surgit toujours entre la fin que se donne l'architecte et
les usages des habitants qui ne coïncident pas nécessairement
avec celle-ci. Le problème n'est pas seulement celui d'un
décalage toujours possible entre le concepteur et l'usager,
mais bien d'un hiatus entre le niveau d'abstraction requis pour
concevoir et fabriquer un artefact humain et la contextua-
lisation de ce dernier lorsqu'il s'inscrit dans la « nature des
choses ». Le « bâtir » suppose un détour par l'abstraction : la

---

1. Pour l'architecte N. Habraken, le logement doit être considéré comme
un processus grâce auquel les individus aménagent d'eux-mêmes – subjecti-
vement – leur espace : il parle, à ce propos d'« auto-expression ». Cf. *Supports :
An Alternative to Mass Housing*, New York, Praeger Publishers, 1972, p. 13.

différence fondamentale entre l'abeille et l'architecte est que
la première se fiant à son instinct vital n'établit pas un plan
préalable de ce qu'elle va construire[1]. La construction d'un
immeuble s'exécute sous la conduite d'un modèle et devra
lui être conforme[2]. En tant qu'idée réfléchie, ce modèle doit
toujours guider l'œuvre de construction et précéder le processus factuel de la mise en œuvre. Cette idée n'est pas qu'une
image mentale subjective, logée dans la tête des concepteurs.
Loin d'être une expérience intime, une idée réfléchie prenant
la forme d'un plan implique déjà une certaine forme d'objectivité et même un essai de matérialisation que permet la maquette
ou la visualisation en trois dimensions par ordinateur. Comme
l'avait déjà souligné Platon[3], l'artisan qui fabrique un lit ne le
fait pas en regardant simplement un autre lit, mais en regardant
l'idée de lit : il en est de même de celui qui édifie. Le plan
possède une permanence qui lui donne une existence en
surplomb par rapport au processus même de réalisation. Une
ville apparaît donc comme le fruit de multiples réifications,
c'est-à-dire de traductions de projets modélisés dans des
choses matérielles. Même les matériaux utilisés ne sont pas
simplement donnés comme peuvent l'être certains fruits de la
nature : eux-mêmes sont déjà pensés et ouvragés de telle sorte
qu'ils résultent toujours d'une certaine violence faite à la
nature. Les artifices du monde humain sont ainsi dotés d'une

1. « Ce qui distingue dès l'abord le plus mauvais architecte de l'abeille la
plus experte, c'est qu'il a construit la cellule dans sa tête avant de la construire
dans la ruche », Marx, *Le Capital* I, 7, Paris, Éditions Sociales, 1967,
p. 180-181.

2. Von Hayek a dénoncé le « constructivisme » – d'origine cartésienne à
ses yeux – qui suppose de planifier, en matière sociale comme en matière technique, les actions des multiples agents de manière à obtenir un résultat conforme aux fins visées : cf. *New Studies in Philosophy, Politics and Economics ant
the History of Ideas*, Chicago, The University of Chicago Press, 1978, p. 6.

3. Platon, *République*, X, 596b-597b : l'artisan y est appelé « démiurge »
qui signifie « travailleur public ».

relative indépendance par rapport aux hommes qui les ont produits et qui s'en servent, d'une réelle « objectivité » qui les fait résister à la voracité des usagers. Ils assurent par là même une certaine stabilité à la vie humaine. Comme le dit Hannah Arendt, « À moins d'un monde entre les hommes et la nature, il y a mouvement éternel, il n'y a pas d'objectivité » [1]. Dans les villes, les échancrures architecturales des toits et des pignons domptent les ciels sauvages : les tracés géométriques dentelés enserrent cette ultime présence de nature brute qui semble alors ne plus livrer son infinité que par pans morcelés. Parfois même, ils apparaissent impuissants au travers de la verrière d'une gare, d'un passage ou comme au Grand Palais. Mais si la construction architecturale présente un caractère prométhéen, elle ne peut cependant, sous prétexte de transformer la nature, négliger cette « seconde nature » – elle-même historicisée – constituée par les usages.

La « ville à la Descartes »

L'entreprise d'édification de bâtiments urbains demeure la plupart du temps tributaire de données empiriques et suppose même la convocation d'assemblées consultatives d'usagers. Pourtant la capacité d'abstraction reste la condition de l'activité de réification propre à l'*homo faber* et la fascination qu'elle peut inspirer s'explique par cette violence dominatrice nécessaire pour édifier un monde fait exclusivement de main d'homme. Lorsqu'elle-même devient l'auxiliaire d'une volonté de puissance politique qui prétend manifester ainsi sa souveraineté, l'idéal de rationalité de l'entendement abstrait devient l'ennemi des us et coutumes. Ce n'est pas un hasard si la monarchie s'est autorisé la construction de villes *ex nihilo*. Ainsi en fut-il du Havre ou de Vitry-le-François sous

---

1. H. Arendt, *op. cit.*, p. 155.

François 1er, comme de Nancy ou Charleville, et des villes du Nord de l'Europe comme Christiana (Oslo) ou Göteborg : ce type de ville est conçu à partir de figures géométriques carrées ou rectangulaires qui elles-mêmes se subdivisent de nouveau en carrés ou en rectangles plus petits et qui font office de module architectural. Ainsi en est-il également de Le Richelieu, aux confins de la Touraine et du Poitou, construite par décision du cardinal de Richelieu et réalisée par Jacques et Pierre Lemercier. Ces villes furent le pur produit de volontés politiques souveraines [1]. L'expression « ville à la Descartes » que l'on utilise à leur sujet fait référence à un texte du *Discours de la Méthode* où le philosophe fait la louange d'abord des édifices construits par un seul architecte surveillant la conformité de leur construction en fonction des plans dressés par lui-même, et ensuite des « places » ou villes fortifiées dessinées par un seul ingénieur :

> …souvent il n'y a pas tant de perfection dans les ouvrages composés de plusieurs pièces, et faits de la main de divers maîtres, qu'en ceux auxquels un seul a travaillé. Ainsi voit-on que les bâtiments qu'un seul architecte a entrepris et achevés ont coutume d'être plus beaux et mieux ordonnés que ceux que plusieurs ont tâché de raccommoder en faisant servir de vieilles murailles qui avaient été bâties à d'autres fins. Ainsi, ces anciennes cités, n'ayant été au commencement que des bourgades, sont ordinairement si mal compassées, au prix de ces

---

1. « L'architecte ne représente ni un état apollinien, ni un état dionysien : chez lui, c'est le grand acte de volonté, la volonté qui déplace les montagnes ; l'ivresse de la volonté qui a le désir de l'art. Les hommes les plus puissants ont toujours inspiré les architectes ; l'architecture fut sans cesse sous la suggestion de la puissance. Dans l'édifice, la fierté, la victoire sur la lourdeur, la volonté de puissance doivent être rendues visibles : l'architecture est une sorte d'éloquence du pouvoir par les formes, tantôt convaincante et caressante, tantôt donnant seulement des ordres », Nietzsche, *Flâneries d'un inactuel*, 11, *Le Crépuscule des idoles*, dans *Œuvres*, Paris, Laffont, 1993, p. 997.

places régulières qu'un ingénieur trace à sa fantaisie dans une plaine, qu'encore que, considérant leurs édifices chacun à part, on y trouve souvent autant ou plus d'art qu'en ceux des autres, toutefois, à voir comme ils sont arrangés, ici un grand, là un petit, et comme ils rendent les rues courbées et inégales, on dirait plutôt que c'est la fortune que la volonté de quelques hommes usant de raison qui les a ainsi disposés. Et si on considère qu'il y a eu néanmoins de tout temps quelques officiers qui ont eu charge de prendre garde aux bâtiments des particuliers pour les faire servir à l'ornement public, on connaîtra bien qu'il est malaisé, en ne travaillant sur les ouvrages d'autrui, de faire des choses fort accomplies [1].

Descartes se prononce donc contre tout raccommodage fragmentaire et contre toute tentation de « faire du neuf avec du vieux » : il s'oppose par avance à toute « architecture-palimpseste ». Descartes privilégie le point de vue de l'ingénieur militaire qui serait seul capable d'établir un projet rationnel de ville. Il oppose ainsi ces bourgades qui ne sont devenues des villes qu'au fur et à mesure de l'histoire vécue des populations à ces villes créées *ex nihilo* sur une plaine par « la volonté de quelques hommes usant de raison » : la perfection géométrique des tracés de ces dernières contrasteraient avec les

1. Descartes, *Discours de la méthode*, II, Paris, Vrin, 1967, p. 11-12. Descartes file la métaphore architecturale pour justifier à plusieurs reprises son projet philosophique, en particulier encore au début de la partie III. De même, il lie le pouvoir de réflexion à une conception insulaire de l'habitation, au point que celle-ci pouvait se réduire à une chambre chauffée par un poêle de faïence où il demeurait « tout le jour enfermé ». Descartes a fait du poêle le lieu privilégié de la réflexion philosophique, de préférence à la place publique, tout comme il privilégiait, à la différence de Socrate, la méditation au dialogue. La méditation nécessitait de se claquemurer : « Je fermerai maintenant les yeux, je boucherai mes oreilles, je détournerai tous mes sens », *Méditations Métaphysiques* III. Il s'agit de faire comme si le Je n'avait pas d'étendue. Pourtant, c'est bien au contact du monde – en l'occurrence dans sa correspondance épistolaire – que Descartes a dévoilé les aspects les plus subtils de sa philosophie.

formes « si mal compassées » [1] des premières. Or, ce qu'il met sur le compte de la « fortune » n'est autre que le rôle primordial joué par les usages dans les villes dotées d'un passé historique. Le type cartésien de ville reposant sur une prévision qui se veut exhaustive et un agencement mécaniquement vétilleux suppose, en réalité, une réalisation instantanée. Il semble totalement fermé à l'adaptation et à l'évolution des formes. Descartes ne conçoit lui-même la temporalité que sous la forme d'une succession d'instants et la création *ex nihilo* d'une ville évacue effectivement toute durée temporelle. En outre, Descartes insiste dans son texte pour que l'alignement extérieur des immeubles soit respecté par des fonctionnaires de l'échevinage possédant, à titre d'office, la charge de veiller à ce que les constructions privées contribuent à l'embellissement des villes. Le souci de structuration des surfaces bâties implique la régularité des lignes horizontales, des bandeaux, des linteaux et des corniches. L'urbaniste Cerda reprendra des arguments proches de ceux de Descartes, en dénonçant « ces amas anarchiques d'immeubles que, sous le nom de "villes", nous a légués le Moyen Âge » [2]. À la décharge de Descartes, il faut cependant reconnaître que pour lui l'architecture est avant tout une pratique à part entière, et ne peut se réduire à l'application d'une théorie préétablie. Descartes n'occulte pas du tout la différence fondamentale entre le savoir et le savoir-faire. Ainsi souligne-t-il que l'architecture ne peut se réduire à

1. « *Compasser*. Mesurer avec le compas… Il signifie plus ordinairement : bien proportionner une chose. *Il a bien compassé ces allées* », Dictionnaire de l'Académie (1694).

2. Cerda, *Théorie générale de l'urbanisation*, Paris, Seuil, 1979, p. 70. Le projet initialement retenu pour la rénovation de Barcelone avait été établi par Rovira y Trias qui mit en exergue une citation de L. Raynaud : « Le tracé d'une ville est œuvre du temps plutôt que d'architecte ». Cerda dénoncera avec aigreur « ce slogan à prétentions philosophiques (…) qui, s'il était effectivement appliqué, nous conduirait derechef à l'époque de la barbarie, où les villes étaient le produit du hasard », *op. cit.*, p. 231.

une théorie de sa pratique : « Bien qu'il n'y ait point d'architecte qui n'ait souvent considéré, ou du moins qui n'ait pu
considérer qu'il savait l'art de bâtir, c'est pourtant une chose
manifeste que cette considération n'est point nécessaire pour
être véritablement architecte » [1]. Tout comme pour parler, il
n'est pas nécessaire de maîtriser la linguistique, la connaissance de l'architecture n'est pas non plus nécessaire à l'architecte. C'est justement parce que Descartes reconnaît que
l'architecture est une pratique qu'il admet ses liens avec cette
autre pratique qu'est la politique. Descartes a très bien vu que
l'architecture présente des implications politiques, mais en
revanche il refuse obstinément de reconnaître le rôle de la
« nature des choses », de cette sédimentation d'us et de coutumes qui vient contrecarrer tout décisionnisme politique
arbitraire. Si Descartes a compris l'articulation possible entre
architecture et politique, il a totalement négligé de prendre en
compte l'*éthos* d'une population : cet aveuglement s'explique
par son attachement au modèle de la souveraineté absolue qui
taraude sa théologie, par son approche de la politique comme
de l'architecture, et par sa philosophie abstraite du sujet [2].

À l'opposé de la conception organique de la ville
médiévale, les « villes à la Descartes » marquent l'avènement
d'une conception mécanique de la ville où chaque élément est
pensé comme extérieur aux autres, juxtaposé dans un espace
abstrait. La première s'attache à révéler l'ensemble des
données d'une situation complexe alors que la seconde
simplifie et substitue au foisonnement des usages la rigueur
artificielle des concepts. Prenant en charge tout l'apport de

1. Descartes, *Si l'on peut inventer une nouvelle architecture*, dans
Réponses aux septièmes objections, *Œuvres philosophiques*, Alquié (éd.),
« Classiques Garnier », Paris, Dunod, 1997, p. 1070.

2. Dans le *Discours de la méthode*, Descartes recourt ensuite à l'exemple
très révélateur de la législation qui témoigne de son refus de prendre en
considération l'*éthos* d'un peuple.

la « nature des choses », l'une s'efforce de l'intégrer dans sa conception d'ensemble ; tandis que l'autre ne reconnaît que son ordre propre, ses lois, et les impose sans aucune réserve, tout comme Le Nôtre s'efforcera systématiquement de discipliner les frondaisons de ses jardins. Un véritable complexe de Procuste anime alors l'architecture et l'urbanisme. Comme en témoignent les procédures d'expropriations expéditives auxquelles eurent recours les ingénieurs militaires, il s'agissait de niveler et d'araser. Or, ce qui encombrait n'était autre que des bâtiments résidentiels, des magasins, des églises, des faubourgs, des monuments, à quoi se rattachait toute une trame d'habitudes, de coutumes et de relations sociales. Les rues en équerre de Rochefort semblent beaucoup plus rationnelles que les rues sinueuses et dénivelées de Poitiers – où Descartes poursuivit des études de droit –, mais la disposition de ces dernières tient compte de l'exposition au soleil et des mauvais vents[1]. La ville prétendument rationnelle est l'effet d'une « géométrisation à outrance » : elle est réduite à n'être que la matérialisation d'un plan en damiers soumis à l'impératif d'orthogonalité. La ville n'est plus alors qu'un projet issu de l'entendement abstrait d'un homme ou de quelques hommes : d'abord le souverain absolu et ses ingénieurs militaires, puis par la suite les ingénieurs et urbanistes technocratiques et leur planification issue d'une pensée dédialectisée. La survivance de cette conception urbanistique « à la Descartes » se retrouva également dans le plan du Major Pierre-Charles l'Enfant, pour la construction de Washington. Certes, la ville médiévale, faite d'enclos, pouvait inspirer *a contrario* un désir d'espace, en raison même de l'absence de perspectives qu'elle offrait. En

---

1. L'architecture fonctionnaliste du XXᵉ siècle est tombée dans le même travers : « La rue courbe est le chemin des ânes, la rue droite le chemin des hommes », Le Corbusier. Dans son plan Voisin ce dernier proposait de raser le centre de Paris pour y construire une série d'immeubles cruciformes, rationnellement alignés, présentés comme des « immeubles cartésiens ».

revanche, la ville moderne suscite plutôt une sorte d'angoisse faite de vertiges devant les perspectives qu'elle ouvre. Les célèbres *Perspectives Urbinates* offrent une sorte de préfiguration de ce paradoxe[1]. Ces vues de villes semblent illustrer parfaitement le modèle architectural défendu par Alberti dans son *De re aedificatoria*, c'est-à-dire comme produit par un art libéral guidé par des principes mathématiques permettant l'objectivation scientifique de la forme. Mais si les trois centres urbains représentés dans ces tableaux manifestent la maîtrise technique du peintre exprimant la souveraineté de son regard, ces villes s'offrant en perspective semblent hantées par le vide et ne pouvoir être habitées par personne. Elles sont suspendues exclusivement à une approche optique, alors que l'habitation relève de l'haptique, c'est-à-dire du toucher plutôt que de la vue en perspective[2].

Déconstruire pour mieux habiter

Les villes érigées par l'entendement abstrait poussent à son paroxysme le sentiment que l'homme en est dépossédé, au point de n'y pouvoir habiter. Elles exacerbent le principe d'utopie que nous avons mis en lumière et l'appliquent à l'excès. Si la ville n'est souvent considérée que comme un ensemble de bâtiments, les constructions en viennent à faire obstacle à l'habitation. Alors que le bâtir ne trouve sa justification que dans l'habiter, nous assistons le plus souvent à un renversement de cette relation : l'habiter doit s'adapter au bâtir. Le privilège accordé aux flux dans la ville, à partir du XIXe siècle, témoigne encore du désintérêt porté à l'habitation.

---

1. Les trois œuvres sont conservées respectivement par les musées de Urbino, de Berlin et de Baltimore : celle d'Urbino est appelée *La Cité Idéale*.

2. « La réception tactile se fait moins par voie d'attention que par voie d'accoutumance. Celle-ci régit même, dans une large mesure, la réception visuelle de l'architecture », W. Benjamin, *L'œuvre d'art à l'époque de sa reproductibilité technique*, dans *Œuvres* III, Paris, Folio-Essais, 2000, p. 312.

Dès lors, le souci de la circulation prend le pas sur toute autre considération dans l'aménagement de l'espace de la ville. L'éventration des quartiers traditionnels de Paris par Hausmann, la désinvolture de Bramante vis-à-vis des monuments historiques de Rome illustrent cette dérive. Il en est de même pour la 7ᵉ Avenue qui s'enfonce au cœur du seul quartier de New York ayant conservé son originalité historique, ou encore le calamiteux boulevard Franklin de Philadelphie. La priorité est alors accordée à la mise en flux plutôt qu'au séjour[1]. Cette reconstruction de l'espace urbain a compromis les possibilités de rencontres et de coopération sociale. La ville est alors passée d'une structure aérolaire à une structure réticulaire : il n'y a plus de centre favorisant les confrontations, mais tout semble être fait pour s'éviter. On construit désormais dans les mailles d'un réseau de flux. Comme le souligne Paul Blanquart : « Dans le monde entier, les architectes pensent la ville comme un épi d'éléments cellulaires qui viennent s'agencer de façon temporaire sur des structures porteuses de fluides : routes, canalisations, fils, etc. »[2]. Il ne s'agit plus alors seulement de favoriser les flux dans la ville, mais de disposer la ville dans les flux. L'ironie est que la plupart du temps ce programme établi au profit des flux conduit à la congestion des voies de circulation. Loin de réduire les trajets, la mise en flux ne fait que multiplier les distances ainsi que le coût quotidien du transport et condamne les citadins à errer sans cesse, livrés au complexe d'Ahasvérus.

Tant que la ville suscite un sentiment de déréliction, que nous avons l'impression d'y être abandonnés, elle ne peut nous apparaître que comme un Léviathan destiné à nous faire expier le péché d'exister. Aussi sommes-nous parfois dans l'obliga-

---

1. « Le non-habiter est le caractère essentiel de la vie métropolitaine », M. Cacciari, « Eupalinos ou l'architecture », *Critique*, n° 476/477, 1987.

2. Blanquart, *op. cit.*, p. 154.

tion de déconstruire la ville pour pouvoir l'habiter. Il ne s'agit pas simplement ici du problème des barres d'immeubles que l'on détruit parce que l'on a compris que ce genre de logements rend inhabitable un quartier de banlieue. Mais il s'agit plus globalement d'un effort pour détourner de leur fonction première des constructions de la ville, afin de les rendre habitables et de retrouver ainsi notre vocation d'être-au-monde. Le *SDF* qui s'installe dans une gare ou sur un trottoir indique que la ville est devenue inhabitable – qu'elle exclut –, mais en même temps celui qui donne un concert au coin d'une rue ou dans une bouche de métro montre qu'il est toujours possible de détourner un lieu de passage pour l'habiter. Cette déconstruction correspond à un souci de réappropriation nécessaire pour combler le hiatus entre la transcendance du projet et l'immanence de l'expérience. L'appropriation consiste à donner une dimension éthique à l'usage, parce qu'elle part des pratiques concrètes et non de l'idée que l'on devrait s'en faire. L'appropriation restitue l'initiative à l'habitant qui, par des actes apparemment sans importance, donne sens à son habitat. Comme le souligne D. Pinson,

> L'appropriation constitue souvent un dépassement ou un surpassement, quelque fois héroïque, de la contrainte ; elle est une lutte contre le caractère exogène de l'espace offert à l'habitant comme espace de réapprentissage du mode de vie, de l'habiter « conforme » (la conformation est l'un des vocables favoris de Le Corbusier). Elle est donc exploitation maximale des libertés sans cesse réduites dans l'espace de l'habitation produit et en même temps reconquête de cette liberté par un ensemble d'actes quasi-subversifs mis en œuvre par l'habitant et qui consisteront à contourner, détourner, à modifier, à bouleverser l'espace « conforme » pour le mettre en correspondance avec ses pratiques et ses représentations [1].

1. D. Pinson, *Usage et architecture*, Paris, L'Harmattan, 1993, p. 156.

Cette pratique du détournement peut s'effectuer à grande échelle. Ainsi, à St-Pétersbourg, c'est sur la rive gauche de la Néva qu'une ville s'est créée d'elle-même, hors des plans initiaux voulus par Pierre le Grand et l'architecte français Le Blond, et ce malgré les interdits des tsars. Il s'agit ici d'une significative rébellion de citoyens qui ont, pour ainsi dire, construit eux-mêmes leur contre-ville. De même, lorsque Nehru fit appel à Le Corbusier pour concevoir Chandigarh, la capitale du Penjab, ce dernier avait cru pouvoir dire : « Que signifient les coutumes indiennes aujourd'hui, si vous dites oui à la machine, aux pantalons et à la démocratie ? » [1]. Or pour habiter une ville aussi artificiellement conçue, les habitants se réapproprièrent l'endroit grâce à cet « envers » constitué par leurs modes de vie traditionnels, leur *habitus* culturel, etc., qui permettent d'échapper à ce dépaysement produit lorsque l'homme est privé de son milieu de vie. L'architecture qui veut se soustraire à toute forme de compromis se montre irresponsable. À une échelle plus modeste, les rues piétonnières offrent un exemple classique de réappropriation de l'espace de la ville. Certes, elles constituent encore des flux, mais à échelle humaine : le pas humain devient la mesure de nos déplacements et les rencontres sont de nouveau possibles. Le corps propre – le *Leib* – redevient ici le « mesurant universel ». D'une manière plus générale, la rue n'est pas une simple voie de circulation : lorsqu'un gouvernement proclame que « le pouvoir n'est pas dans la rue », il reconnaît que la rue recèle une puissance qui ne se réduit pas à sa fonction d'artère. La braderie, la fête foraine restaurent également une atmosphère de dense socialité. La ville n'est habitable que si nous pouvons y séjourner, et non pas simplement y passer ou la traverser. L'hospitalité d'une ville dépend d'une ambiance que ne peut

1. De même pour Brasilia réalisée par Costa et Niemeyer, deux disciples de Le Corbusier.

créer la production technique. Une architecture de la déconstruction serait, comme pour Camillo Sitte[1], celle qui mettrait
l'accent sur la nécessité d'espaces vides, de dégagements, non
pas pour privilégier une visibilité esthétique, mais pour favoriser les pratiques sociales de l'espace. Il s'agit ici de ménager
des parties communes comme les places pour favoriser les
rencontres entre les habitants : ces vides architecturaux sont
alors des espaces publics virtuels. Il s'agit bien d'introduire
une respiration, au sens où l'entend Rainer Maria Rilke, dans
Atmen : « Respirer, invisible poème, pur échange perpétuel
contre mon être propre de tout l'espace du monde, contrepoids
dans lequel à moi-même, rythmiquement, j'adviens »[2]. S'il est
vrai que respirer met notre corps propre en prise avec l'espace
ouvert du monde, il s'agit ici de donner un étayage culturel à
ce qui est d'abord une expérience vitale. L'architecture de
Portzamparc[3] confirme ce souci d'introduire une respiration,
au cœur même du bâtir : le principe de l'îlot ouvert[4], celui de la
fragmentation des volumes[5] vont dans ce sens. L'ensemble
des Hautes Formes, dans le XIIIe arrondissement de Paris, a
constitué la première mise en application de ces exigences

1. C. Sitte, *L'Art de bâtir les villes*, Paris, De l'Equerre, 1980. *Cf.* également l'effort de l'architecte finlandais A. Aalto pour intégrer son œuvre au
contexte culturel de son pays (*Synopsis*, Basel und Stuttgart, Birkenhaüser
Verlag, 1970).

2. Rilke, *Sonnets à Orphée*, II, 1, trad. Maldiney, *op. cit.*, p. 10.

3. « La ville est la finalité collective civilisatrice à laquelle l'architecture
doit servir. La ville est un phénomène d'une complexité qui dépasse la pensée
technique (...). Au fond, l'art de la ville, c'est une pensée qui chemine dans
l'histoire », Portzamparc, cité par G. de Bure, dans *Portzamparc*, Paris, Terrail,
2003, p. 129. L'architecte précise encore « Je veux faire une architecture
généreuse, éveilleuse des sens, sensuelle même ».

4. L'*open block* se veut l'antithèse de l'*Haussmann's block*.

5. « Dans la fragmentation, l'idée est que, au lieu de faire un objet fini, on le
divise en morceaux. Souvent je l'utilise pour créer des signes et pour faire
respirer les lieux », Portzamparc, cité par G. de Bure, *op. cit.*, p. 124.

nouvelles : un espace fragmenté en sept immeubles reliés par des arcades et des portes, autour d'un passage ouvert et d'une petite place à échelle humaine. L'art du creux de Portzamparc joue sur les espaces intersticiels, comme dans la Cité de la musique à La Villette.

De Périntie à Raïssa

L'habitation requiert que fin soit mise au caractère labyrinthique des dédales de la ville pour faire place à un espace rythmé. L'ouverture spatiale qu'inaugure une ville ne peut s'effectuer vers un infini angoissant : si elle se déploie de manière centrifuge, donc en diastole, elle implique néanmoins en retour un recueil en systole. Car il n'y a pas d'espace humain qui ne soit perçu sans un rythme et une tonalité affective spécifique. Ainsi, si la construction des villes renvoie à la technique rationnelle, l'habitation relève plutôt de l'éthique[1] : dès lors le conflit entre les impératifs de l'une et les exigences de l'autre semble toujours menacer. Pourtant, l'architecture elle-même relève de cette éthique : car avant de construire pour s'abriter et se loger, l'homme construit pour adopter une « tenue » dans l'espace. Cette éthique de l'habitation nourrit la poétique de la ville et celle-ci subvertit toute approche strictement poiétique. Comme le soulignait Massimo Cacciari : « L'habiter-poétique n'est que la "forme absente" qui rend possible une critique de l'idéologie de la demeure, de ces prétentions indécentes que l'architecture affiche (et qui sont l'architecture même) »[2]. Dans Les Villes invisibles[3], Italo Calvino fait référence à Périntie : « la ville des monstres ». Les

---

1. « *Ethos* signifie séjour, lieu d'habitation. Ce mot désigne la région ouverte où l'homme habite », Heidegger, *Lettre sur l'humanisme*, dans *Questions III*, Paris, Tel-Gallimard, 1990, p. 115-116.

2. M. Cacciari, art. cit., p. 90.

3. I. Calvino, *Les Villes invisibles*, Paris, Points-Seuil, 1996, p. 166-167.

ingénieurs avaient prétendu dicter des normes pour la fondation de la ville à partir d'un savant calcul sur la position des
étoiles : «Périntie, assurèrent-ils, allait refléter l'harmonie
du firmament» : «Périntie fut édifiée précisément selon les
calculs des astronomes...Dans les rues et sur les places de
Périntie, aujourd'hui, tu rencontres des estropiés, des nains,
des bossus, des obèses, des femmes à barbe. Mais on ne voit
pas le pire : des hurlements gutturaux sortent des caves et des
greniers, où les familles cachent des enfants à six jambes ou à
trois têtes». On ne construit pas une ville habitable d'un point
de vue transcendant, de celui de Sirius : une telle conception ne
peut produire que des monstruosités. En revanche, Calvino
nous parle d'une autre ville, appelée Raïssa, d'une ville certes
miséreuse, mais où pourtant il fait bon vivre :

> À Raïssa, à tout moment, un enfant rit à sa fenêtre, en voyant un
> chien sauter sur un auvent pour mordre dans le morceau de
> polenta qu'un maçon a lâché du haut d'un échafaudage, en
> s'exclamant : «Mon trésor, laisse-moi plonger!» à l'adresse
> d'une jeune hôtelière qui soulève un plat de ragoût sous sa
> pergola, contente de le servir au marchand de parapluies qui
> fête une bonne affaire, l'ombrelle de dentelle blanche avec quoi
> va se pavaner aux courses une grande dame amoureuse d'un
> officier (...). Même à Raïssa, ville triste, court un fil invisible
> qui par instant réunit un être vivant à un autre (...) si bien qu'à
> chaque seconde la ville malheureuse contient une ville
> heureuse [1].

Ourdir ce fil invisible relève de la substance éthique de la
ville. Il s'agit bien d'un fil d'Ariane qui permet de se retrouver
dans la ville la plus labyrinthique. Par le biais d'une fable – où
la simultanéité impose sa loi à la succession –, Calvino suggère
à travers le style d'écriture de sa séquence narrative une progression qui s'avère en réalité thématique et qui dévoile une

1. Calvino, *op. cit.*, p. 170-171.

vision de monde, une leçon éthique. En fin de compte, nous assistons à la revanche des abeilles sur l'architecte, au sens où, comme l'a montré Mandeville[1], les hommes vivent ensemble de manière plus harmonieuse lorsqu'ils se laissent guider par leurs propres habitudes enracinées dans un milieu commun et par des intérêts qui les conduisent à se rencontrer.

LA GRAMMAIRE D'UNE VILLE

Il ne fait pas de doute qu'une ville soit fondamentalement un langage. Elle ne constitue un monde humain que parce qu'elle est l'œuvre de l'activité symbolique de l'homme. Une ville est le fruit de cette démarche propre à l'homme de refuser d'en rester à une communion immédiate avec la nature sauvage. Or, le passage de l'attitude concrète à l'attitude catégoriale n'est rendu possible que par l'activité symbolique qui constitue la clef de la culture : en traitant le réel au second degré, le symbolique permet de nous le représenter afin d'agir sur lui. Comme l'a souligné Cassirer,

> Le terme de raison est fort peu adéquat pour englober les formes de la vie culturelle de l'homme dans leur richesse et leur diversité. Or ce sont toutes des formes symboliques. Dès lors, plutôt que de définir l'homme comme *animal rationale*, nous le définirons comme *animal symbolicum*. Ainsi pouvons-nous désigner sa différence spécifique, et comprendre la nouvelle voie qui s'ouvre à lui, celle de la civilisation[2].

Une ville cristallise cette rupture avec l'adaptation spontanée au milieu naturel, par ce souci de se construire un univers foncièrement artificiel. Cette attitude de recul permet de faire de la ville un espace de dialogue. Car si le milieu urbain ne nous

---

1. Mandeville, *La Fable des abeilles*, Paris, Vrin, 1974.
2. E. Cassirer, *op. cit.*, p. 44-45.

permet de retrouver le réel qu'en accusant davantage notre séparation initiale avec la nature, le langage symbolique de la ville suppose en même temps que nos conduites soient soumises à des représentations collectives et à des règles publiques de signification et de communication. Par définition, un langage symbolique implique le partage d'un patrimoine commun. Une ville émet et reçoit des messages qui se comprennent ou ne se comprennent pas. Elle peut donc relever de la distinction classique entre signifiant et signifié, mais relève aussi du hiatus entre signification et sens. L'analyse sémiologique s'avère insuffisante. La parole de la ville est ce qui s'échange, au fil des rues. Mais la langue de la ville est un discours idiomatique qui s'exprime dans les gestes, les vêtements, les emplois de mots des habitants. Le langage urbain relève d'un système autre que la dénotation. Le texte de la ville est une écriture : celle de l'emploi du temps passé, présent et futur de ses habitants. Le citadin apprend à s'orienter en déchiffrant le texte de sa ville. Ce dernier ne peut relever d'une structuration logique pure, mais renvoie plutôt à une grammaire, au sens d'un ensemble de règles entérinant le bon usage d'une ville. Si la ville parle une langue, ce n'est pas celle de la logique pure. Son discours exprime plutôt les règles d'une langue vernaculaire. Une ville témoigne du contextualisme du sens.

De l'u-topie à l'hétérotopie

Toute ville repose sur un principe d'u-topie, au sens précisément d'un principe d'arrachement aux pesanteurs de l'ici et du maintenant. Mais, pris en lui-même, ce principe d'u-topie risque fort de ne fonctionner que comme une fuite en avant dans l'abstraction. Car une ville qui se réduirait à une pure construction abstraite n'offrirait plus qu'un espace de désorientation pour l'homme. Bien plus, le principe d'utopie tend alors à se transformer en idéologie : loin de jouer un rôle de contestation du réel, il exercerait une fonction de mystification pour mieux nous assujettir aux intérêts les plus mercantiles. Il en est ainsi des villes caricaturales comme Las Vegas ou Disneyland : ces villes factices se flattent de nous distraire des vicissitudes de la vie quotidienne, alors que l'extérieur dont elles prétendent s'affranchir se retrouve à l'intérieur, puisqu'elles ne sont, par la magie de leur décor, que des puissances trompeuses, toutes préoccupées de nous assujettir à la loi du jeu mercantile et de la consommation. Ces villes où l'on ne peut habiter sont artificieuses. Il ne suffit pas qu'un principe d'utopie fonctionne comme principe d'arrachement au lieu, pour en faire un espace d'habitation : il doit lui-même se muer en un nouveau principe d'appartenance à un monde. C'est pourquoi, l'« u-topie » de la ville ne se légitime que dans la mesure où elle apparaît comme condition de ce que Michel Foucault a appelé les « hétérotopies », c'est-à-dire des lieux bien réels dont la fonction spécifique consiste à représenter d'autres lieux qui – parce qu'ils rentrent dans l'ordre du symbolique – apparaissent mis en scène par l'homme et susceptibles de répondre au souci du sens de l'existence :

> Il y a également, et ceci probablement dans toute culture, dans toute civilisation, des (…) sortes d'utopies effectivement réalisées dans lesquelles les emplacements réels, tous les autres emplacements réels que l'on peut trouver à l'intérieur de la culture sont à la fois représentés, contestés, inversés (…). Ces lieux, parce qu'ils sont absolument autres que tous les emplacements qu'ils reflètent et dont ils parlent, je les appellerai, par opposition aux utopies, les hétérotopies [1].

L'hétérotopie est un emplacement critique, puisqu'alors l'Ailleurs se retrouve dans l'Ici. Ainsi, la ville inaugure un monde ouvert et déploie un horizon d'où émergent les multi-

---

1. M. Foucault, *Des Espaces autres*, dans *Dits et écrits*, IV, Paris, Gallimard, 1994, p. 752-762.

ples facettes de l'univers de l'homme. La bibliothèque, le musée ou les monuments renvoient à d'autres lieux, d'autres temps : nous en sommes séparés et pourtant ils arrivent à en faire revivre la trace. Le cinéma et le théâtre ne se réduisent pas à des bâtiments : sur l'écran et sur la scène, ils démultiplient les possibles de l'existence. La gare est ouverture sur le dehors de la ville et résonne de contrées lointaines sur lesquelles elle nous met en prise. Le jardin public feint de reproduire la nature au cœur même de la ville, comme *St James Park* à Londres. Le zoo met en scène l'animalité sauvage. Le quartier n'est qu'une division de l'espace de la ville, mais il s'en distingue le plus souvent par une physionomie particulière : le caractère vient ici l'emporter sur la fonction. En ce sens, le quartier peut apparaître comme l'hétérotopie de l'intimité du village, à la différence près que les relations de voisinage se substituent à celles de cousinage. Le restaurant exotique nous dépayse en demeurant à notre place. Les vitrines de la ville jouent également ment le rôle de miroir qui permet de nous apercevoir là où nous ne sommes pas : plus profondément, elles délivrent un espace virtuel. Les reflets de la vitrine sont, d'une certaine façon, une utopie, puisque c'est un espace sans lieu : nous nous voyons dans un espace irréel censé s'ouvrir derrière la surface. Or cette vitrine qui fait miroir existe bien réellement et capte notre silhouette, au point de nous découvrir absents à la place où nous sommes, puisque nous nous voyons là-bas : du fond de cet espace virtuel qui est censé tapisser la vitrine, nous nous identifions comme être-au-monde, en nous arrachant à notre intimité. De même, les villes traversées par un fleuve s'y penchent comme pour saisir leur reflet : à Paris, la Seine apparaît elle-même comme le miroir fluctuant de la capitale[1].

1. « Paris est une ville de miroirs (...). Une surabondance de glaces et de miroirs dans les cafés pour les rendre plus clairs à l'intérieur et donner une

Au plus profond de la nuit, les lumières de la ville forment l'hétérotopie de la clarté du jour. Quant à l'hôpital ou la cathédrale, ils constituent plutôt des hétérochronies[1], au sens où ils renvoient à un autre rythme temporel, voire à un contre-temps, un au-delà du temps. En un mot, les hétérotopies et les hétérochronies de la ville opèrent une dilatation de l'espace et du temps. L'espace-temps de la ville déborde donc largement de son lieu assigné : elle apparaît comme une monade contenant le monde. En ce sens, l'*Urbs* est bien *Orbs*, mais non pas au sens de la Rome antique qui prétendait exporter son modèle de configuration géométrique aux confins de la terre : la ville est monde parce qu'elle est capable, grâce à ses hétérotopies, de dilater son espace qui ne se réduit plus à un enjeu cadastral, à la portion de territoire qu'elle occupe. La ville est un monde parce qu'elle est d'abord un horizon de sens pour l'homme et celui-ci ne peut y habiter qu'à cette condition. Une ville est habitable parce qu'elle repose sur un dépli du sens.

Les significations d'une ville comme exemplifications

Si une ville n'est habitable que dans la mesure où elle apparaît comme un espace de sens, les significations de la ville ne fonctionnent pourtant pas de manière dénotative. Il est courant de rapprocher l'architecture de la musique pour la bonne raison que les œuvres architecturales et musicales sont rarement descriptives, à la différence de la peinture, de la sculpture, du théâtre ou du cinéma[2]. Certes, une architecture peut

agréable ampleur à tous les compartiments et les recoins minuscules », Benjamin, *Paris, capitale du XIXe siècle*, Paris, Le Cerf, 2002, p. 873.

1. « L'hétérochronie se met à fonctionner à plein lorsque les hommes se trouvent dans une sorte de rupture absolue avec leur temps traditionnel », M. Foucault, *op. cit.*, p. 760.

2. « Dis-moi (puisque tu es si sensible aux effets de l'architecture), n'as-tu pas observé, en te promenant dans cette ville, que d'entre les édifices dont elle est peuplée, les uns sont *muets*; les autres *parlent*; et d'autres enfin, qui sont

parfois représenter : ainsi en est-il de l'art végétal d'Antonio Gaudi, à l'œuvre dans l'église de la *Sagrada Familia* de Barcelone. De même, un plan de ville est censé dénoter fidèlement l'écheveau des rues et des quartiers afin de s'y retrouver efficacement. Le plan d'une ville était jadis nommé «portrait», pour mieux souligner sa fonction descriptive. Pourtant, il faut bien admettre qu'il existe plusieurs manières de signifier et si une ville apparaît comme un creuset de sens, celui-ci recourt à d'autres opérations que la dénotation pour renvoyer à une référence. Comme le souligne Nelson Goodman, «on peut grouper les variétés de la référence sous quatre chefs : "dénotation", "exemplification", "expression" et "référence médiatisée"». En l'occurrence, une ville signifie quelque chose dans la mesure où la plupart du temps elle exemplifie. L'exemplification suit le chemin inverse de la dénotation :

> Un bâtiment, qu'il représente ou non quelque chose, peut aussi exemplifier ou exprimer certaines propriétés. Une telle référence ne va pas, comme le fait la dénotation, du symbole vers ce à quoi il s'applique en tant qu'étiquette, mais dans la direction opposée, du symbole vers certaines étiquettes qui s'appliquent à lui ou aux propriétés qu'il possède [1].

Entre la signification comme dénotation et celle comme exemplification, il appert une «différence de direction» fondamentale [2] : alors que pour la première le signe indique l'objet concret qu'elle décrit, pour la seconde au contraire, elle opère plutôt du concret vers l'abstrait. C'est pourquoi l'exem-

plus rares, *chantent?*», P. Valéry, *Eupalinos*, «Poésie», Paris, Gallimard, 1993, p. 29.

1. N. Goodman et C. Z. Elgin, *La Signification en architecture*, dans *Reconceptions en philosophie*, Paris, PUF, 1994, p. 37. *Cf.* aussi N. Goodman, *Langages de l'art*, Nîmes, Chambon, 1990, II, 3 et 4.

2. «La symbolisation ou référence fonctionne ici en sens inverse de la dénotation – elle remonte à partir du dénoté plutôt qu'elle ne descend vers lui », Goodman, *op. cit.*, p. 86.

plification organise le dépli du sens. Alors qu'une image dénote l'objet qu'elle représente ou qu'un énoncé apophantique dénote l'objet qu'il décrit, il faudrait plutôt dire, dans l'exemplification, qu'un objet est dénoté par un prédicat. L'exemplification ne fonctionne pas comme l'image sur le principe d'une ressemblance avec un objet : si x est une image parce qu'il présuppose et renvoie à un objet y, x joue le rôle d'une étiquette dans le cadre d'une *Deixis* (sur le modèle de l'étiquette sur la bouteille ou sur celui du nom de chien « Fido » qui réfère directement au chien Fido); mais dans le cas de l'exemplification, il s'agit plutôt d'un objet y qui assume ici le rôle de signe et renvoie à x, c'est-à-dire à une étiquette. À partir de là, Goodman opère une nouvelle distinction entre l'exemplification littérale quand l'étiquette dénote littéralement l'objet exemplifiant et l'exemplification métaphorique lorsque la dénotation de l'objet exemplifiant par l'étiquette suppose un déplacement de l'étiquette par rapport à son domaine d'origine :

> Un bâtiment peut exprimer des sentiments qu'il ne ressent pas, des idées qu'il ne peut penser ou dire, des activités qu'il ne peut accomplir. Dans de tels cas, que l'assignation de certaines propriétés soit métaphorique ne revient pas simplement à ce qu'elle soit littéralement fausse (…). D'une cathédrale gothique dont on dit qu'elle s'élance ou qu'elle chante, on ne peut pas dire qu'elle s'affaisse et qu'elle murmure. Bien que les deux descriptions soient littéralement fausses, seule la première, et pas la seconde, est métaphoriquement vraie [1].

Goodman appelle « expression » l'exemplification de propriétés possédées métaphoriquement. Ainsi, nous pourrions dire qu'un bâtiment construit de manière cruciforme exem-

---

1. N. Goodman et C. Z. Elgin, *op. cit.*, p. 40. On pourrait illustrer ici le propos sur la musicalité de l'architecture par la tour LVMH de Portzamparc à New-York.

plifie de manière littérale une figure géométrique, mais qu'il exprime aussi le symbole culturel de ce qui prête secours et assure éventuellement le salut, tout comme la croix chrétienne, la croix rouge ou la croix verte pharmaceutique. Dans *L'Emploi du temps* [1], le plan que Michel Butor joint à son œuvre ne possède pas de fonction dénotative, mais exemplifie la ville imaginaire de Bleston. Alors qu'un plan présente une dimension transitive, qu'il représente quelque chose, il offre ici une dimension intransitive ou réflexive : il exprime l'expérience personnelle du narrateur. Bien plus, si le narrateur et personnage principal Jacques Revel a maille à partir avec Bleston, cette ville fictive exprime pourtant le malaise et le mal-être que Butor lui-même a éprouvé dans sa rencontre avec une ville bien réelle : Manchester. Comme le dit Goodman, on appelle allusion une telle référence indirecte ou médiate. Toujours est-il que l'exemplification métaphorique et la référence médiatisée requièrent alors nécessairement l'interprétation.

Du schème au symbole

La distinction opérée par Goodman entre exemplification et expression peut être rapprochée de celle établie par Kant entre deux sortes d'hypotyposes :

> Toute hypotypose (présentation, *subjectio sub adspectum*) comme acte consistant à rendre sensible est double : *ou bien* elle est *schématique* lorsqu'*a priori* l'intuition correspondante est donnée à un concept que l'intuition saisit ; *ou bien* elle est *symbolique* lorsqu'à un concept que la raison seule peut penser et auquel aucune intuition sensible ne peut convenir, on soumet une intuition telle, qu'en rapport à celle-ci le procédé de la faculté de juger est simplement analogue à celui qu'elle observe quand elle schématise (…).
> Toutes les intuitions que l'on soumet à des concepts *a priori* sont donc ou bien des *schèmes* ou bien des *symboles*, et de ces

---

1. M. Butor, *L'Emploi du temps*, Paris, Minuit, 1956.

intuitions les premières contiennent des présentations directes du concept, tandis que les secondes en contiennent d'indirectes. Les schèmes effectuent la présentation démonstrativement ; les symboles le font par la médiation d'un analogue (pour laquelle on se sert aussi d'intuitions empiriques) [1].

L'hypotypose correspond à la matérialisation sensible de la pensée abstraite. Mais l'hypotypose est schématique lorsque, à un concept que l'entendement saisit, une intuition sensible correspondante est donnée dans l'expérience, alors que la symbolique s'établit lorsque, à un concept que seule la raison peut penser, et auquel l'intuition sensible ne peut être adéquate, une intuition est attribuée, au moyen de laquelle le procédé de la faculté de juger est simplement analogue à celui de la schématisation, c'est-à-dire qu'elle ne s'accorde avec celle-ci que selon la règle de ce procédé et non d'après l'intuition elle-même. Pour ce qui nous concerne, cette distinction permet de saisir la tension à l'œuvre dans une construction architecturale, puisque celle-ci relève nécessairement des deux sortes d'hypotyposes. D'une part, en tant que construction d'architecte, un bâtiment relève d'une hypotypose schématique : avant même qu'il soit édifié, l'architecte s'en est donné une intuition à travers un schème, qui a pris, en l'occurrence, la forme d'un plan, voire d'une maquette, répondant à une fonction et permettant d'en offrir une image objective. Ce schème a préexisté avant la réalisation effective de l'immeuble et en a même constitué la condition préalable. Une norme de conformité entre la construction et son schème *a priori* est absolument requise afin d'éviter à celle-là d'être bâtie de guingois et d'être incapable de remplir sa fonction [2]. En

1. Kant, *Critique de la faculté de juger*, § 59, Paris, Vrin, 1965, p. 173-174.
2. Tout en soulignant que l'architecture est surtout un art d'invention, de création et non de *mimesis*, Kant a méconnu la dimension symbolique, parce qu'il a confondu usage et fonction : « L'architecture est l'art de présenter des concepts de choses, qui ne sont *possibles que par l'art* et dont la forme n'a pas la

revanche, l'immeuble va, en outre, servir d'hypotypose symbolique, c'est-à-dire représenter autre chose que sa stricte réalité fonctionnelle, c'est-à-dire représenter indirectement d'autres types de concepts, être le vecteur d'Idées esthétiques : dans ce cas, l'architecture nous apparaît bien comme un art et non plus comme une technologie ; et nous dirons alors, en reprenant ici le vocabulaire de Goodman, qu'il exemplifie et qu'il exprime. Le toit de la Cité de la musique imaginé par Portzamparc exemplifie métaphoriquement la vague et en écho, répond l'ondoiement de la promenade piétonnière qui traverse le parc, conçue par Bernard Tschumi. Dans le langage de Kant, nous dirions que l'exemplification métaphorique « donne beaucoup à penser », qu'elle opère une dilatation conceptuelle : Kant appelle *Erweiterung* l'élargissement, mais aussi l'émancipation du concept[1]. L'immeuble peut alors effectivement donner beaucoup à penser, mais les exemplifications et les expressions qu'il suscite ne sont pas soumises au même critère de correction, de conformité et donnent lieu à des interprétations beaucoup plus libres. Prenons un exemple : Orsay a d'abord été un bâtiment pensé comme une gare et édifié en vue d'assurer une telle fonction. En ce sens, il a donné lieu à un schème matérialisant le concept sous forme d'un plan ou d'une maquette. Mais lorsqu'il a été édifié, il a aussitôt

nature, mais une fin arbitraire comme principe déterminant et selon ce but elle doit les présenter d'une manière esthétiquement finale. En ce dernier art c'est un certain *usage* de l'objet d'art qui est essentiel, et il constitue pour les Idées esthétiques une condition restrictive », Kant, *Critique de la faculté de juger*, *op. cit.*, § 51, p. 151.

1. « Par l'expression Idée esthétique j'entends cette représentation de l'imagination, qui donne beaucoup à penser, sans qu'aucune pensée déterminée, c'est-à-dire de concept, puisse lui être adéquate (...) une Idée esthétique (qui) remplace une présentation logique, mais (qui) sert plus proprement à animer l'esprit en lui ouvrant une perspective sur un champ de représentations du même genre s'étendant à perte de vue », Kant, *Critique de la faculté de Juger*, *op. cit.*, § 49, p. 144-145.

donné lieu à des expressions, par exemple, de l'art industriel. En tant qu'œuvre d'art architecturale, ce bâtiment a même été préalablement conçu pour exprimer : par exemple, faire la promotion des liens ferroviaires de communication, à travers les noms de ville inscrits sur le bandeau en pierre qui le ceint (Orléans, Tulle, Rodez, etc.). Mais bien entendu, aujourd'hui, il exprime toute autre chose puisqu'il a été transformé en musée et chante désormais surtout la gloire de la peinture, des impressionnistes, etc.... Au-delà de son caractère d'exemple d'architecture industrielle, Orsay acquiert ainsi un caractère exemplaire. L'architecture en tant qu'art ne se contente pas d'hypotyposes schématiques liées à sa fonction utilitaire : elle est nécessairement porteuse d'hypotyposes symboliques et celles-ci ne peuvent être prévues que très partiellement. Un libre jeu s'instaure dans l'expression – c'est-à-dire l'hypo-typose symbolique, chez Kant – qui ne pourrait exister dans la simple schématisation d'un plan strictement fonctionnel : seule celle-ci est soumise à un principe de correction vis-à-vis des concepts fournis par l'entendement abstrait. Nous retrou-vons ici la distinction que nous avons déjà soulignée entre la fonction et l'usage : ce dernier échappe à l'architecte et peut donner lieu à des détournements vis-à-vis de la finalité préé-tablie. L'expression peut varier en fonction des besoins d'une population et de la gestion que peut en faire un certain nombre d'institutions. Une exemplification peut traduire la décision explicite de construire un bâtiment présentant une fonction précise : ainsi en est-il d'un immeuble sur lequel est inscrit en toutes lettres le mot « *police* » ou « *ministère* » ; mais elle peut également demeurer beaucoup plus implicite et ambiguë. Quant à l'expression, elle peut renvoyer à un imaginaire collec-tif encore plus ambivalent et encore plus fluctuant. Notre analyse vaut également pour les rues et les places : celles-ci ne sont pas seulement des artères permettant la circulation ou des

espaces de rencontre, mais elle exemplifient métaphoriquement des étiquettes : en l'occurrence, les noms qu'elles
portent. À la campagne, les noms de rues et de places sont le
plus souvent vouées à dénoter : « rue de la chapelle », « rue de
la fontaine », « place de l'église », etc. En revanche, à la ville,
la plupart des noms de rues ou de places ne dénotent pas, mais
exemplifient métaphoriquement et expriment : « boulevard de
la Liberté », « place de la Nation », « rue Gambetta », etc.
Porter un nom tel que celui de « *La République* » apparaît
comme un cas typique d'exemplification métaphorique et
d'hypotypose symbolique. Bien plus, donner un nom propre à
une rue ou une place consiste non pas à renvoyer à l'être physique que la personne mentionnée a pu être, mais à ce qu'elle
représente et à ce qu'elle exprime. En fonction des aléas de la
mémoire collective, une rue – voire une ville – peut même être
débaptisée et rebaptisée autrement, tout en maintenant son
identité schématique. À l'inverse, une rue peut très bien être
reconfigurée physiquement en fonction de nouveaux concepts
de l'entendement, mais garder le même nom et conserver sa
valeur symbolique. Les transformations du schème d'une rue
peuvent cependant venir heurter la symbolique qu'elle recèle.
Une ville ne se réduit donc pas à la simple littéralité de ses
immeubles et son habitabilité demeure suspendue aux exemplifications et expressions qui émergent au gré des usages.

De la logique architecturale à la grammaire de la ville

Après avoir publié son *Tractatus logico-philosophicus*,
Wittgenstein s'intéressa à tel point à l'architecture qu'il en vint
à prendre en charge la construction de la maison de sa sœur,
Margaret Stonborough, qui en avait d'abord confié la réalisation à un architecte viennois, Paul Engelmann, disciple
d'Adolf Loos. Selon l'expression de son autre sœur Hermine
Wittgenstein, le palais *Kundmanngasse* put apparaître comme

« la logique faite maison » (« *Hausgewordene Logik* »)[1]. Il est vrai que le projet du *Tractatus* consistait à mettre au jour la structure logique du langage et visait à la construction d'une « écriture conceptuelle » pure, exempte des risques d'amphibologies que fait courir constamment le langage ordinaire. L'intérêt que prend Wittgenstein à l'architecture vient ici du fait qu'il y voit la possibilité de cristalliser dans la construction de la maison de sa sœur ses thèses philosophiques[2]. Ce projet architectural est alors pensé en dehors de toute considération d'un quelconque contexte social, à tel point que Wittgenstein avait pris ses distances avec le programme de « reconstruction sociale » auquel adhérait Loos et qui s'articulait autour de la notion centrale de « peuple ». Bien plus, le projet logique à l'œuvre dans le *Tractatus* implique l'éviction du sujet et l'éradication de l'illusion de l'intériorité : aussi, dans la maison de Margarete, tant le sujet concepteur que le sujet habitant semblent en être chassés. Ici, la maison est devenue le seul monde objectif réel dans la mesure où elle est le prolongement-achèvement d'une idée qui se veut purement logique : s'ouvrant sur l'extérieur, les fenêtres, par exemple, ne devaient pas permettre de voir l'extérieur. Wittgenstein semble avoir manifesté la plus grande indifférence vis-à-vis de la ville environnante, ne concevant cette maison qu'en référence à elle-même : nous voici en présence de la maison autotélique.

1. Sur les rapports entre forme architecturale et forme logique, cf. A. Soulez, *Pour une pensée de l'architecturalité*, dans *L'Architecture et le philosophe*, *op. cit.*, et B. Queysanne, *Wittgenstein versus Loos*, dans *L'Architecture au corps*, *op. cit.*, p. 177.

2. Cette aventure intellectuelle prétendant concrétiser l'exigence de perfection logique dans un « cône d'habitation » est reprise dans le roman de Thomas Bernhard, *Korrektur* qui a emprunté de nombreux traits de la biographie de Wittgenstein pour construire son personnage principal *Roithamer* dont la préoccupation est de faire en sorte que la réalisation du cône d'habitation soit en même temps « la cause de l'achèvement de l'idée », cf. *Corrections*, Paris, Gallimard, 1978, p. 240.

Mais cette maison cristallisant un projet de construction logique ne semble pas pour autant favoriser l'habitation : outre les radiateurs en coin, la maison se retrouve centrée sur le hall d'entrée qui ne peut être un lieu où l'on vit, mais fait plutôt office de module de *dispatching,* permettant à chacun de gagner son espace privé, sans jamais donner l'impression de s'ouvrir sur un *living* censé doter d'une âme la totalité de l'immeuble. Il n'est pas possible d'habiter une construction qui se réduirait à ce qui est logiquement concevable : l'« habitat philosophique » confond habitation et habitacle[1]. Dans cette maison, même la fonctionnalité est pensée d'avance comme une propriété exclusivement objective, ne laissant aucune initiative à l'être humain, ni aucune possibilité d'adapter les objets : en témoignent les poignées de porte qui doivent livrer sans ambiguïté ce pour quoi elles sont faites. Le dessin des poignées et leur emplacement sur les portes sont faits exclusivement pour que celui qui les manierait produise automatiquement l'ouverture de la porte : ils révèlent la saturation de signification objective qui caractérise cette maison. À eux seuls, ils réalisent l'idée d'une « machine à habiter », au sens de Le Corbusier. L'ascenseur, visible dans sa cage de verre, montre sa machinerie comme un corps organique dilacéré exhiberait la structure de ses fonctions. Or, de même que le projet philosophique de Wittgenstein a subi un tournant majeur en passant de l'exigence logique au souci grammatical[2], il est possible de dégager chez lui une nouvelle approche du problème de la construction, à partir de l'intérêt qu'il a manifesté

1. « La maison *a priori* n'est pas faite pour l'habitation quotidienne, aussi peu en tout cas que le communicable a besoin d'être construit », A. Soulez, « Où se trouve la maison Wittgenstein ? », *Les Cahiers de philosophie*, 17, 1993, p. 54.

2. *Cf.* Wittgenstein, *Recherches philosophiques*, § 371-373, Paris, Tel-Gallimard, 1986, p. 243. L'expression « tournant grammatical » a été utilisé par J. A. Nelson, dans un article, « Wittgenstein's grammatical turn », en 1978.

ensuite pour l'usage [1]. Il s'agit alors d'une recontextualisation
à la fois du projet philosophique et du projet architectural,
étant entendu que l'usage ici ne se réduit pas du tout à l'étroi-
tesse univoque de l'utilité fonctionnelle, mais renvoie à une
conduite culturelle de vie qui suppose, au contraire, la vica-
riance des fonctions et leur polyvalence. Or cette conduite
culturelle implique cette capacité de « *seeing as* » telle que
Wittgenstein l'a mise en lumière dans le chapitre XI de la
deuxième partie des *Recherches philosophiques* : les significations de chaque ville sont suspendues à un « voir comme »
qui se joue dans le symbolique et que seuls les individus
frappés de cette inaptitude qu'est la « cécité à l'aspect » se
refusent à prendre en compte [2]. Ainsi, Wittgenstein découvre
que le sens à l'œuvre dans le langage – la « vie des signes » –
est analogue à celui qui innerve la dynamique de la vie d'une
ville : ils reposent moins sur des structures logiques statiques
que sur des usages établis par un « nous » collectif. En prenant
le contre-pied de Descartes [3], Wittgenstein compare alors le
langage à une vieille ville hospitalière où l'ancien demeure le
pédoncule du nouveau : « On peut considérer notre langage
comme une vieille cité : un labyrinthe de ruelles et de petites
places, de vieilles et de nouvelles maisons, et de maisons
agrandies à différentes époques ; et ceci environné d'une quan-
tité de nouveaux faubourgs aux rues rectilignes bordées de
maisons uniformes » [4]. Ici, le symbolisme logico-mathéma-

---

1. « ... du *Tractatus* aux *Recherches philosophiques*, Wittgenstein nous
fait passer de la maison logique du *Tractatus* sans doute inhabitable à la ville
habitée des jeux de langage », A. Soulez, *L'Architecte et le philosophe*, *op. cit.*,
p. 132, note 41.

2. Wittgenstein, *op. cit.*, p. 346.

3. S. Cavell souligne que l'enjeu du différend ne porte pas seulement
sur l'architecture, mais aussi sur le langage : cf. *Une nouvelle Amérique encore
inapprochable*, Paris, L'Éclat, 1991, p. 39.

4. Wittgenstein, *op. cit.*, p. 121.

tique est pensé comme une excroissance établie artificiellement à la périphérie de la ville même. Cette métaphore marque
le recentrage de Wittgenstein sur ce qui est appelé dans les
Recherches *unserer alltäglichen Sprache* – le langage quotidien[1]. Les usages de la ville comme le langage quotidien relèvent de « formes de vie », c'est-à-dire d'habitudes – « usages,
institutions »[2] – et dès lors le texte de la ville renvoie plus à une
grammaire qu'à une logique. Comme toute grammaire est
constituée de règles qui définissent le bon usage et permettent
de pointer barbarismes et solécismes, la vie en ville relève de
règles implicites, de conventions latentes, d'arrangements
tacites – « *die stillschweigenden Abmachugen* » – qui définissent une conduite culturelle. Or, ces règles constituent
précisément l'urbanité qui caractérisent les mœurs d'une ville.
Cette urbanité régule les rapports humains avec souplesse et
beaucoup plus de bon sens que la science urbanistique. Ces
règles ne sont ni des lois scientifiques, ni des lois politiques :
elles ne résultent ni d'une rationalité abstraite, ni d'une
autorité qui se voudrait souveraine, mais expriment plutôt la
« nature des choses » et plus précisément ce que Montesquieu
appelait les « manières ». Ces règles sont donc particulières à
chaque ville. Une règle présente un caractère labile, une
plasticité que ne possède pas une loi : loin d'être universelle,
une règle est toujours circonstancielle. Une règle prescrit ou
codifie une manière d'agir qui s'inscrit dans le cadre d'une
situation. Cependant, même si la règle ne vaut pas loi, elle
oblige selon le tracé d'une continuité. Toute règle oscille
toujours entre le pôle de la convention arbitraire et celui du

---

1. Wittgenstein, *Recherches philosophiques*, I, 98, 134, *op.cit.*, p. 162, 170.
« Le langage (…) n'est pas moins une forme de vie que la ville elle-même.
Comme forme de vie, le langage, bien loin de "ressembler" à la ville, *est* l'usage
urbain qui fait d'une communauté une communauté de parole », A. Soulez,
dans *Les Cahiers de philosophie*, *op. cit.*, p. 55.

2. Wittgenstein, *op. cit.*, 199, p. 202.

fondement rationnel où elle apparaît comme condition du sens. Mais les règles présentent aussi et surtout un caractère public qui en fait la chose de tous : elles apparaissent nécessairement partagées au sein d'une même communauté. Suivre une règle exige de sortir de la sphère intime[1]. L'usage de la ville s'inscrit dans un espace public.

Les topoï symboliques d'une ville

Si le sens d'une vie en ville se déploie dans le symbolique, l'origine étymologique du terme de symbole – du grec *symbolon* : le tesson de poterie ou la pièce de monnaie brisée en deux afin de servir de signe de reconnaissance entre ceux qui avaient conclu un pacte d'amitié – nous rappelle qu'il appartient à l'ordre de la communication : il suppose un monde commun, intersubjectif. Aussi ne faut-il pas s'étonner que la ville et la démocratie puissent entretenir des liens si étroits et fondamentaux, parce que toutes deux relèvent de l'univers du langage. Déjà les Athéniens avaient fait, dans l'Antiquité, de l'*iségoria* la marque même de la démocratie. *A contrario*, quand la vie en ville perd cette dimension symbolique, cette médiation par le langage, la violence brutale surgit et l'urbanité régresse. La parole n'y est possible que parce que la ville est déjà en elle-même le lieu du discours et ce lieu apparaît comme l'hétérotopie des hétéropies, puisqu'il est purement symbolique : une ville est déjà en elle-même un texte. Michel Butor nous invitait instamment à considérer « la ville comme texte »[2] : « Par texte de la ville, j'entends d'abord l'immense masse d'inscriptions qui la recouvre ». Lorsque nous nous promenons dans les rues d'une métropole moderne, le mots sont omniprésents : non seulement ceux qu'échangent les gens

---

1. « On ne peut suivre une règle en privé », Wittgenstein, *op. cit.*, § 202, p. 203.

2. M. Butor, *Répertoire V*, Paris, Minuit, 1977, p. 34.

que nous croisons, mais surtout, les plaques sur les immeubles, les pancartes à l'entrée des stations de métro, les noms des rues, etc. Le discours dans la ville n'est possible que dans la mesure où celle-ci est d'abord un texte. Le texte de la ville nous invite à nous représenter celle-ci comme un tissu, mais qui ne se tisse fondamentalement que dans le symbolique. Dans *L'Emploi du temps*, Jacques Revel parvient à surmonter le sentiment de déréliction qu'il éprouve au sein de la méga-pole anxiogène grâce à l'apprentissage du texte de la ville. Il comprend que les murs prennent la parole et engagent un dialogue avec lui. La ville qui se met à parler se fait humaine : le bruit prend alors sens.

Or, le texte d'une ville se réserve dans des topiques ou des *topoï*, c'est-à-dire des lieux communs au sens où Aristote recourt à cette expression : des *locis communes* qui sont autant de conditions de possibilité du dialogue en ville. Ainsi, les noms de rues constituent de tels *topoï* qui articulent l'espace de la ville sur l'histoire. Les monuments eux-mêmes apparaissent comme des *topoï* qui sont censés témoigner d'une culture partagée à la fois parce que nous en héritons et que nous la mettons en œuvre ensemble. Le dialogue en ville n'est envisa-geable que si les conditions de possibilité pour se comprendre sont réunies. Les topiques de la ville dessinent ainsi les contours d'un espace commun propice au dialogue social et à l'émergence d'une opinion publique. Les *topoï* de la ville apparaissent comme autant de réserves de sens admis, reconnu. En développant son traité sur les *Topiques*, Aristote cherchait une méthode mettant en mesure d'argumenter sur tout problème proposé, en partant de prémisses probables, et permettant d'éviter tout contresens, lorsque nous soutenons un argument : il s'agissait de fonder la dialectique en tant que logique de l'opinion ou du vraisemblable et de fixer les règles de la pensée dialoguée. Celle-ci trouve dans la pensée critique de l'interlocuteur l'aiguillon et en même temps le frein qui sont les garanties à la fois de sa progression et de sa rigueur. Les lieux communs de la ville constituent ainsi une sorte d'axiomatique de la discussion.

Ainsi, une ville ne se caractérise pas seulement par la conquête de la verticale, mais elle se déploie dans cette quatrième dimension qui est le temps. Le temps historique constitue son étoffe[1]. La ville rend possible le discours parce qu'elle est un récit : l'histoire a déposé, précipité, sédimenté du sens aux coins de ses rues grâce à quoi nous nous orientons non seulement dans la ville, mais aussi dans notre existence. Toute ville est creusée de sillons de sens. Ces *topoï* entretiennent une tradition : « Ce qui emplit notre conscience historique, c'est toujours une multitude de voix où résonne l'écho du passé. Elle n'est présente que dans la multiplicité de telles voix : c'est ce qui fait l'essence de la tradition »[2]. Une ville sans *topoï*, sans lieux communs historiques, ne permettrait qu'un dialogue de sourds. Mais ce récit n'a pour but que de favoriser le discours, en articulant le passé sur le présent et le projet. La dimension historique d'une ville ne renvoie ni à un passé révolu qui ne nous concernerait plus, ni à une conception muséale de l'histoire. Le passé de la ville sert, au contraire, à susciter la futurition : il est levier de l'action. Dans *Les Villes invisibles*, Italo Calvino évoque une ville dont le devenir historique rend anachroniques les utopies que d'aucuns ont tour à tour édifiées à son sujet :

> À chaque époque, il y eut quelqu'un pour, regardant Foedera comme elle était alors, imaginer comment en faire la ville

---

1. « Un espace n'est que l'inscription dans le monde d'un temps. Les espaces sont des réalisations, des inscriptions dans la simultanéité du monde extérieur d'une série de temps (...) la ville est un emploi du temps », H. Lefebvre, *Du Rural à l'urbain*, Paris, Anthropos, 2001, p. 224.

2. H. Gadamer, *Vérité et méthode*, Paris, Seuil, 1996, p. 298.

idéale; mais alors même qu'il en construisait la maquette, déjà Foedera n'était plus ce qu'elle était au début, et ce qui avait été, jusqu'à la veille, l'un de ses avenirs possibles, n'était plus désormais qu'un jouet dans une boule de verre.

Il serait absurde de regretter la métamorphose incessante de la ville, sous prétexte qu'elle rendrait vain tout projet imaginé pour donner une solution prétendument définitive et idéale à ses problèmes conjoncturels. Le tort de l'utopie est de prétendre se réaliser hors du monde et hors de l'historicité : le thème récurrent de l'insularité est, de ce point de vue, symptomatique. L'impasse de l'utopie résulte de son caractère également uchronique, de sa dénégation du temps historique qu'elle considère nécessairement comme corrupteur et source de décadence. Aussi l'utopie renvoie-t-elle non seulement à un « nulle part », mais encore à un « hors temps » : c'est pourquoi toute tentative de réaliser l'utopie ne peut s'effectuer qu'à contre-temps[1]. En revanche, les hétérotopies de la ville s'articulent sur le monde et ses *topoï* discursifs sur la temporalité historique.

À l'encontre de l'utopie, l'approfondissement de la démocratie permet l'amendement effectif d'une ville. Loin de transcender la ville telle qu'elle est pour lui opposer une ville telle qu'elle devrait être, loin de nier son devenir pour lui opposer un modèle figé, elle apparaît plutôt comme la réappropriation de sa temporalité historique. Habiter une ville consiste à habiter une histoire commune. À la différence de l'utopie, la démocratie consiste à assumer l'historicité de la ville. La dimension historique de la ville perd alors son opacité et son

1. « De la vie humaine, de celle des sociétés, l'utopiste fait le motif d'une équation (…). C'est un fanatique de la structure. Son rêve : injecter de la structure dans la vie des hommes (…). L'homme de l'histoire est un dialecticien. Il est moins intéressé par le dessin des structures que par les interactions des événements au long du devenir », G. Lapouge, *Utopie et civilisations*, Genève, Weber, 1973.

étrangeté. La réappropriation du sens passe par la réappropriation du temps comme temps humain et comme temps commun.
La ville démocratique entretient un rapport dialogique – et
donc critique – avec son passé, parce qu'il s'agit de réactiver
les possibles qui y sont contenus pour déployer de nouveaux
projets : les célébrations auxquelles elle se livrent ne relèvent
pas d'une attitude muséale, mais consistent à puiser dans
l'espace d'expérience du passé les possibles nécessaires à
l'ouverture de notre horizon d'attente, c'est-à-dire de notre
avenir. La démocratie est seule en mesure de réguler les
contradictions antagonistes qui traversent la ville contemporaine : elle permet de substituer alors à l'utopie une euristique
de l'espérance.

LA VILLE ET LA CITÉ

Il est de bon ton de souligner le hiatus entre la ville et la
cité, pour pointer l'immaturité politique de la ville ou pour
entretenir la nostalgie d'une coïncidence irrémédiablement
perdue. Déjà Rousseau relevait cet écart : « La plupart
prennent une ville pour une Cité et un bourgeois pour un
citoyen. Ils ne savent pas que les maisons font la ville, mais que
les citoyens font la cité »[1]. La ville ne serait pas encore la
cité… En effet, elle se présente comme une agglomération de
constructions hétéroclites : à peine pourrait-on y voir le stade
inchoatif de la cité. Bien plus, la prétention qui consiste à
vouloir identifier ville et cité ne semble plus renvoyer qu'à un
passé mythique, désormais révolu. Loin d'être la condition de

---

1. J.-J. Rousseau, *Du Contrat social*, Livre I, chap. 6, note p. 57, Paris, GF-
Flammarion, 2001. Déjà J. Bodin relevait : « Il se peut faire que la ville sera bien
bâtie et murée. Et qui plus est, remplie de peuple, et néanmoins ce n'est point
cité, s'il n'y a des lois et magistrats pour y établir un droit gouvernement », *Les
Six livres de la République*, Livre I, chap. 6, Paris, Livre de Poche, 1993, p. 97.

la cité, la ville d'aujourd'hui en serait même devenue l'obstacle. La notion de cité ne se prête plus qu'à un usage galvaudé qui trahit son sens politique originel : de la cité universitaire à la cité dortoir, en passant par la *city*, elle est devenue un concept qui reflète la division des fonctions. Cependant, la distance qui sépare désormais la ville de la cité n'est pas nécessairement l'expression d'une perte, mais résulte plutôt de l'interposition d'une réalité nouvelle : celle de la société civile qui est venue s'intercaler entre les sphères privée et publique traditionnelles. Plus qu'ailleurs, l'espace apparaît ici comme le déploiement de l'activité économique et sociale. Le développement hypertrophié de la ville d'aujourd'hui n'est que l'exemplification de l'interpolation massive de celle-là. Les grues et les échafaudages qui consternent tant les touristes naïfs témoignent pourtant qu'une ville est un incessant processus : *work in progress*… La société civile est devenue le nouveau *templum* projeté sur le *terrenum* de la ville contemporaine. Aussi, le rapport distendu entre la ville et la cité permet de repenser la citoyenneté.

La ville comme exemplification de la société civile

La ville contemporaine atteste que l'espace public ne peut être séparé de la société civile et qu'il se conjugue avec elle. Non seulement le temps de la ville-État apparaît obsolète, mais l'État moderne lui-même, initialement institué pour contenir et réguler le développement de la société civile, s'avère impuissant pour encore imposer sa loi à cette réalité hybride qui désormais le déborde de toute part[1]. La nécessité de recourir à la décentralisation signifie que ce dernier ne peut plus se penser comme le tout de la société. À travers l'autonomie

---

1. *Cf.* notre ouvrage *Qu'est-ce que l'État ?*, « Chemins philosophiques », Paris, Vrin, 2004.

revendiquée de plus en plus par les régions et les communautés urbaines, il s'agit de cerner la profonde transformation des structures de pouvoir à laquelle conduit la consolidation de la société civile face à l'État. Le paradoxe de cette société civile est que, tout en délimitant clairement un domaine privé, elle fait en même temps des préoccupations de l'existence une affaire d'intérêt public. En s'émancipant de la famille clanique et en débordant largement la sphère étatique, les individus se sont trouvé un champ nouveau d'interrelations. La prolifération de la vie urbaine est l'expression même de ce phénomène. Alors que l'État moderne avait prétendu centraliser tous les pouvoirs au point de faire perdre aux villes leur autonomie et de répudier leurs chartes et leurs franchises, son légicentrisme obsessionnel se voit aujourd'hui battu en brèche, face à une société civile qui s'impose comme la source principale des innovations et des contestations. L'émancipation de la société civile – tant par l'approfondissement des relations qu'elle favorise que par leur extension internationale – trouve son illustration concrète dans l'hypertrophie des conurbations urbaines, dans la façon dont celles-ci ne peuvent être gérées que par des pouvoirs en réseaux, dans la manière dont elle font fi des frontières territoriales traditionnelles. La ville est devenue une entité plus large que la cité et ce décalage entre les deux cristallise le clivage entre la société civile et l'État. C'est pourquoi, le milieu urbain apparaît comme le laboratoire de formes nouvelles d'action politique : la démocratie ne peut exister sans la prise en compte des intérêts de la société civile.

La ville est le creuset privilégié d'une politique de l'intérêt, parce qu'elle représente elle-même le domaine par excellence de l'*inter-esse*. Le monde d'artefacts qui la constitue matériellement est aussi celui à partir duquel se révèlent les intérêts objectifs qui relient les hommes entre eux. Comme le dit Hannah Arendt : « Ces intérêts constituent, au sens le plus littéral du mot, quelque chose qui *inter-est*, qui est entre les gens et par conséquent peut les rapprocher et les lier. La plus grande part de l'action et de la parole concerne cet entre-deux, qui varie avec chaque groupe en sorte que la plupart des paroles et des actes sont en outre *au sujet de* quelque réalité objective du-monde ». Déjà Aristote soulignait que les *poleis* devaient leur existence à la nécessité matérielle et étaient fondées sur l'intérêt réciproque : son concept de *sympheron*[1] anticipait sur les notions d'*utilitas rei publicae* ou d'*utilitas communis* forgées par Cicéron[2]. En s'adonnant à leurs préoccupations personnelles, les hommes s'initient à un monde qu'ils partagent pourtant en commun. Bien plus, le mode de vie urbain des hommes apparaît comme la condition fondamentale de la puissance du vivre-ensemble. C'est en effet à l'occasion de la prise en compte d'intérêts communs sur la façon d'habiter la ville que les hommes inaugurent cet espace d'apparence où ils se manifestent les uns aux autres, par la parole et par l'action. Car si la ville est bien un lieu privilégié d'échanges, ceux-ci constituent un phénomène social total. Comme le relève Arendt, « si le domaine public en tant que marché correspond bien à l'activité de fabrication, l'échange lui-même est déjà du ressort de l'action »[3]. En ce sens, Hannah Arendt a établi une distinction cruciale entre l'utilité et l'intérêt.

---

1. « Nous avons indiqué que l'homme est par nature un animal politique (…) ce qui n'empêche pas que l'utilité commune (*to koinon sympheron*) ne contribue aussi à les réunir, en proportion de la part de bonheur qui en rejaillit sur chaque individu », Aristote, *Politique*, III, 6, 1278 b 19-22, Paris, Vrin, 1962, p. 194.

2. Cicéron recourt à la notion d'*utilitas rei publicae* dès sa jeunesse (cf. *De inventione*, I, 40) ; quant à celle d'*utilitas communis*, elle apparaît particulièrement étudiée dans son *De officiis*, III : le bien commun (*utilitas communis*) y est opposé, avec pertinence, au bien public (*utilitas publica*). Le bien public peut être en opposition avec l'*honestum*, mais non le bien commun.

3. H. Arendt, *op. cit.*, p. 235.

De l'usage à l'intérêt

Les Grecs ne distinguaient pas seulement les *poièmata* des *pragmata*, c'est-à-dire les œuvres produites ou construites des prouesses de l'action humaine : nous leur devons également la distinction entre les *chrémata* et ces mêmes *pragmata*. Hannah Arendt fait fond sur cette dernière pour d'abord pointer ce qui constitue la spécificité des *chrémata* :

> Nécessaires au corps et produites par son travail, mais dépourvues de stabilité propre, les choses faites pour une consommation incessante apparaissent et disparaissent dans un milieu d'objets qui ne sont pas consommés, mais utilisés et habités et auxquels, en les habitant, nous nous habituons. Comme tel, ils donnent naissance à la familiarité du monde, à ses coutumes, à ses rapports usuels entre l'homme et les choses aussi bien qu'entre l'homme et les hommes. Les objets d'usage sont au monde humain ce que les biens de consommation sont à la vie [1].

Arendt a ici le mérite de montrer que les objets d'usage – les *chrémata* – ne se réduisent pas à une fonctionnalité stricte, mais relèvent d'une habitation, elle-même tributaire d'habitudes. Cependant, ces us ne peuvent encore se confondre avec le domaine de l'action – de la *praxis* – qui est la caractéristique spécifique de la politique : « Distincts à la fois des biens de consommation et des objets d'usage, il y a enfin les "produits" de l'action et de la parole, qui ensemble forment le tissu des relations et affaires humaines » [2]. Cependant, les *pragmata* ne s'opposent pas radicalement aux *chrémata* : la notion d'intérêt vient fonder leur articulation nécessaire, même si leurs critères

---

1. H. Arendt, *op. cit.* p. 107. Avant bien d'autres, Hanah Arendt avait su rectifier avec force l'erreur grossière que l'on commet en traduisant la maxime de Protagoras par « l'homme est la mesure de toutes choses » : « Le mot *chrémata* ne signifie absolument pas "toutes choses" mais spécifiquement choses employées, demandées ou possédées par l'homme », *op. cit.*, p. 177, note.

2. H. Arendt, *op. cit.*, p. 107.

de valeur sont différents. Arendt insiste sur ce rôle de l'intérêt qui permet de mettre en action les hommes de la cité : « L'action et la parole, dirigées vers les humains, ont lieu entre humains, et elles gardent leur pouvoir de révélation-de-l'agent même si leur contenu est exclusivement "objectif" et ne concerne que les affaires du monde d'objets où se meuvent les hommes, qui s'étend matériellement entre eux et d'où proviennent leurs intérêts du-monde, objectifs, spécifiques » [1]. L'intérêt apparaît ici comme la relève de l'usage et permet d'effectuer un nouveau dépli du sens : « Puisque cette révélation du sujet fait également partie de tous les rapports, même les plus "objectifs", l'entre-deux physique du monde est, en même temps que ses intérêts, recouvert et comme surchargé d'un entre-deux tout différent qui est fait d'actes et de paroles et qui doit son origine exclusivement au fait que les hommes agissent et parlent en s'adressant directement les uns aux autres » [2]. Le sens du monde est ici suspendu à la *praxis* des hommes qui agissent et engagent leur responsabilité au milieu des autres. La meilleure illustration de cette déhiscence du sens est fournie par la place publique que les Athéniens appelaient l'*Agora*. Celle-ci est à la fois la place du marché où les hommes échangent des produits en vue de leur consommation ou de leur usage – en ce sens chacun va au marché pour y voir des produits et non des hommes –, mais aussi le lieu du rassemblement des hommes, propice à la parole et à l'action politiques : comme creuset de l'opinion publique, l'*agora* n'est alors elle-même que la concrétisation de l'*agoreuein* qui signifie « se rassembler ». Aujourd'hui encore, ce n'est pas parce qu'une place est inaugurée que les hommes se rassemblent, mais c'est plutôt parce qu'ils se rassemblent qu'ils instituent alors leur place dans le monde.

1. H. Arendt, *op. cit.*, p. 205.
2. H. Arendt, *op. cit.*, p. 206.

La ville contemporaine ne peut surmonter la crise de la démocratie qu'en reconstituant un espace d'apparence publique. Chacun replié sur ses préoccupations égoïstes a perdu le sens de la communauté et le goût de participer à celle-ci. Les citadins ont désappris que la ville est leur intérêt au sens étymologique du terme : leur *inter-est*, c'est-à-dire ce qui se trouve entre eux et par conséquent permet de les rapprocher et les relier. La restauration de la démocratie suppose donc de dépasser le *trans* pour retrouver l'*inter*. La vie démocratique d'une ville suppose que soit surmontée la désolation de l'homme moderne – au sens de son isolement. Comme l'écrit Arendt :

> La *polis* proprement dite n'est pas la cité en sa localisation physique ; c'est l'organisation du peuple qui vient de ce qu'on agit et parle ensemble, et son espace véritable s'étend entre les hommes qui vivent dans ce but, en quelque lieu où ils se trouvent. « Où que vous alliez, vous serez une *polis* » : cette phrase célèbre n'est pas seulement le mot de passe de la colonisation grecque ; elle exprime la conviction que l'action et la parole créent entre les participants un espace qui peut trouver sa localisation juste presque n'importe quand et n'importe où [1].

La *polis* n'était pas Athènes mais les Athéniens. La dimension politique de la ville est tributaire d'un tel espace où les hommes se manifestent les uns aux autres et qui seul peut donner une réalité reconnue à leurs paroles et à leurs actions. Il n'existe de *polis* que si les hommes peuvent exprimer leurs opinions au milieu des autres et agir en prenant les autres à témoin. Dès lors, la démocratie suppose que les « sans-part » [2]

---

1. H. Arendt, *op. cit.*, p. 223.
2. *Cf.* J. Rancière, *La Mésentente*, Paris, Galilée, 1995 : « Il n'y a pas lieu de discuter avec les plébéiens (…) ils sont des êtres sans nom, privés de *logos*, c'est-à-dire d'inscription symbolique dans la cité (…). Face à cela, que font les plébéiens sur l'Aventin ? (…) Ils se sont donné des noms. Ils ont exécuté une série d'actes de parole qui lient la vie de leurs corps à des mots et à des usages de mots », p. 45-47.

obtiennent des droits suffisants et qu'on leur reconnaisse le *logos* pour prendre part à cet espace d'apparence, avant qu'ils ne fassent sécession sur l'Aventin comme l'avait fait, selon Tite-Live, la plèbe à Rome. Sans perception d'une vie commune, il ne peut y avoir de démocratie. Inversement, la *polis* existe dès que l'intérêt du vivre-ensemble se manifeste aux yeux de tous. La démocratie urbaine ne peut provenir que de la mise en commun des paroles et des actes. Une ville ne peut retrouver une vie démocratique qu'en redéployant un espace d'action. Comme le relève encore Arendt : « Il faut que les hommes vivent assez près les uns des autres pour que les possibilités d'action soient toujours présentes : alors seulement ils peuvent conserver la puissance, et la fondation des villes, qui en tant que Cités sont demeurées exemplaires pour l'organisation politique occidentale, est bien par conséquent la condition matérielle la plus importante de la puissance » [1]. Dans la société civile, l'intérêt bien compris apparaît comme l'aiguillon même de l'action : c'est parce que l'homme a des intérêts à défendre qu'il prend de l'intérêt à la politique [2].

La lutte contre la tendance à la dispersion

Si l'usage des artefacts d'une ville peut être collectif – voire massifié –, il n'est pas pour autant encore politique : la prise de conscience de la nécessité de se regrouper pour défendre un intérêt implique, en revanche, un engagement public qui est déjà politique. En ville, de nombreuses personnes

---

1. H. Arendt, *op. cit.*, p. 226.
2. Kant lui-même a reconnu en partie ce rôle de l'intérêt, au cœur même de l'action morale : « Un intérêt est ce par quoi la raison devient pratique, c'est-à-dire devient une cause déterminante de la volonté. Voilà pourquoi on dit seulement d'un être raisonnable qu'il prend intérêt à quelque chose », *Fondements de la métaphysique des mœurs*, Paris, Delagrave, 1967, p. 204, note.

peuvent, par exemple, faire usage d'un édifice ou d'un jardin
publics ; mais se mobiliser pour la sauvegarde de tels lieux ou
pour obtenir une modification de leur aménagement relève de
l'homme qui agit et non plus du simple usager. La ville est
donc bien ce milieu d'où émerge la puissance qui procède du
rassemblement des hommes, à condition qu'ils passent de la
jouissance d'un usage à la défense d'un intérêt. Certes, la ville
contemporaine semble induire l'atomisation de ses habitants
et produire aussi en son propre sein de l'exclusion sociale et
civique. Mais le milieu urbain favorise – en raison même de
l'entrecroisement des intérêts qu'il met en jeu – l'effervescence d'une activité associative, capable de remonter la pente
de l'entropie dans les rapports humains. Ainsi, les associations
prennent le relais des partis politiques traditionnels qui apparaissent le plus souvent comme des appareils idéologiques
d'État inadaptés. Elles opposent, au contraire, leur souplesse à
leur rigidité, leur prise en compte du concret à leurs discours en
langue de bois. Les associations ne sont ni de simples corporations, ni des partis : ce sont des organisations fondées sur la
poursuite à court terme d'un intérêt bien défini et qui disparais-
sent quand ce but est atteint. Aussi représentent-elles effectivement une exploration de nouvelles formes de démocratie.
Car la tendance à former des associations témoigne d'un
renforcement du goût de l'action fondée sur la discussion.
Comme l'affirmait Tocqueville : « Sitôt que plusieurs des
habitants des États-Unis ont conçu un sentiment ou une idée
qu'ils veulent produire dans le monde, ils se cherchent, et,
quand ils se sont trouvés, ils s'unissent. Dès lors, ce ne sont
plus des hommes isolés, mais une puissance qu'on voit de loin,
et dont les actions servent d'exemple »[1]. Les associations
permettent aux individus de participer à une nouvelle défini-

1. A. de Tocqueville, *De la Démocratie en Amérique*, t. II, 2e partie,
chap. V, Paris, Vrin, 1990, p. 106.

tion du bien commun qui n'apparaît plus décrété d'en haut, mais comme la résultante des leçons induites de l'expérience au quotidien.

Dans les villes toscanes, la louve est le symbole du bien commun et, dans les fameuses fresques d'Ambrogio Lorenzetti se trouvant au *Palazzo Pubblico* de Sienne et représentant l'*Allégorie du Bon et du Mauvais Gouvernement*, il apparaît sous les traits d'un imposant vieillard présidant le conseil du bon gouvernement : autour de sa tête, on lit les lettres C S C V qui signifie *Commune Senarum Civitas Virginis*. Dans la salle des Neuf, cette fresque centrale incarnant le Bien commun joue sur l'ambivalence des termes : à la fois « Bien de la Commune » et « Bien Commun », puisqu'en italien le nom même de Commune – *il Comune* est masculin – peut être associé au Bien de tous. Sur les murs situés de chaque côté sont représentées face à face la désolation de la Cité injuste dominée par la Tyrannie, et la prospérité de la Cité juste où règne la Concorde. La lecture traditionnelle des fresques veut voir dans celle située sur le mur de droite – lorsque l'on regarde celui où se dresse le conseil du bon gouvernement –, les *Effets du Bon Gouvernement*, comme si à lui seul le conseil pouvait en être la source. Au-delà d'une relation mécanique de cause à effet, il faudrait se demander si la clef du bon gouvernement ne se trouve pas, au contraire, dans la manière dont les individus ici représentés habitent leur ville. John White a souligné combien cette fresque rayonnait autour d'un centre-pivot constitué par un groupe de jeunes filles se donnant la main et dansant une ronde :

> Comme dans la perspective empirique giottesque, la construction est pensée à partir d'un centre à partir duquel elle rayonne. Ceci correspond, en termes picturaux, à la situation d'un spectateur qui, sortant de lui-même, porte son regard vers les marges de son champ visuel. Cette solution va à l'inverse

du regard pétrifié de la perspective du *quattrocento*, où la convergence des orthogonales fait que la composition est aspirée vers un seul point. Ce rayonnement vers l'extérieur est non seulement inscrit dans la structure même des édifices, comme on l'a déjà noté, mais il trouve aussi à s'exprimer dans les figures, dans les différents mouvements représentés et dans la lumière. Dans la ville et dans la campagne du *Bon Gouvernement*, la réduction des figures, comme celle des maisons, est calculée à partir du centre unique où dansent les jeunes filles [1].

Ces jeunes filles se donnant la main apparaissent comme le cœur rayonnant de toute l'œuvre : elle démontre *in concreto* les vertus de l'association. Leur ronde exemplifie la notion de concorde au quotidien, fournissant une illustration affective et effective de l'« encordement » civil. La ville apparaît comme le foyer incessant de liens sociaux que tissent les activités de la société civile. Le dynamisme de ce mouvement tranche avec l'aspect statique de la représentation centrale du conseil institutionnalisé. Cette ronde paraît plus déterminante que les attributs accordés à ce dernier : elle semble signifier que non seulement la Commune s'identifie avec le Bien commun, mais que prendre intérêt au Commun est déjà en lui-même le Bien, parce qu'il surmonte la tendance à la dispersion nécessairement synonyme de dégradation et de destruction.

1. J. White, *Naissance et Renaissance de l'espace pictural*, Paris, Adam Biro, 2003, p. 94. La façon dont A. Lorenzetti représente la ville de Sienne est aux antipodes des *Perspectives Urbanitates* : la ronde des jeunes filles est l'antithèse du point de vue exclusif et fixe à partir duquel se place Alberti pour rendre compte de la ville. Alors qu'Alberti déclare, à propos de la projection du point de vue sur le plan du tableau : « *Là, où il me plaît, je fixe mon point de vue* », Léonard de Vinci remarquait avec lucidité : « Comme cette perspective ne fonctionne qu'à l'égard d'un seul d'entre eux, elle reste, pour les autres, confuse », *Traité de peinture*, Paris, Berger-Levrault, 1987, § 146, *Contre la perspective à point de vue obligé*, p. 195.

L'urbain, creuset d'une nouvelle citoyenneté [1]

La ville d'aujourd'hui offre paradoxalement la possibilité d'une réactivation des ressources démocratiques. Elle permet de sortir d'une conception hypostasiée du peuple. La prise en compte des problèmes spécifiques de la ville révèle les limites des distinctions établies par Rousseau [2] et sur lesquelles se sont arc-boutés les tenants d'une conception dogmatique de la République. En effet, alors que Rousseau privilégiait la « volonté générale » au détriment de la « volonté de tous » qui se résumerait – selon lui – à l'addition d'intérêts particuliers, l'activité démocratique en ville révèle, au contraire, qu'une société humaine n'est pas constituée par un peuple homogène qui consisterait en une sorte d'entité abstraite en surplomb, mais de groupes hétérogènes qui se déterminent à partir de la poursuite d'intérêts particuliers : associations de quartiers, associations d'aide au quart-monde, associations de défense diverses, associations d'usagers, etc. Le peuple n'existe ici que dans la vie de ces hommes qui unissent leurs efforts pour faire reconnaître certains intérêts dépassant leur stricte indivi-dualité et dans lesquels pourtant ils s'identifient. Certes, ces intérêts peuvent être divergents et le peuple de la ville apparaît nécessairement receler des conflits potentiels. Le *démos* que façonne la ville n'est ni une donnée naturelle, ni une abstrac-tion fétichisée : il se présente plutôt comme une synthèse tâtonnante de groupements multiples [3]. Le peuple de la ville est donc traversé de contradictions incessantes qui se retrouvent parfois au cœur même d'un individu, mais elles permettent

---

1. *Cf.* notre article dans la revue *Urbanisme*, n° 342, Mai-Juin 2005.

2. Cf. *op. cit.*, II, 3, p. 68.

3. Brecht manifestait son aversion contre toute fétichisation du mot de peuple : « À notre époque, mettre au lieu de "peuple" la "population" (…) c'est retirer aux mots leur auréole mystique et frelatée », *Art et politique 1934*, dans *Sur le réalisme*, Paris, L'arche, 1970, p. 21.

de sortir d'une conception de la démocratie fondée sur la recherche mortifère d'un unanimisme artificiel. Seul l'art du compromis permet alors de transformer des contradictions antagonistes en différends non antagonistes : il éloigne la démocratie aussi bien d'une conception abstraitement pacifiée de la vie politique que d'une idéologie qui entretiendrait la concurrence hostile entre les hommes. La ville présente une chance nouvelle pour la démocratie dans la mesure où elle est l'occasion de sortir à la fois d'une vision trop libérale des rapports humains glorifiant un individualisme forcené, et d'une conception centralisatrice jacobine d'un État entêté et inadapté pour faire face aux situations concrètes. Elle permet de passer d'une conception transcendante du peuple qui ne peut être que facteur d'oppression, à une conception immanente où celui-ci ne se distingue pas radicalement de la population, considérée comme une multitude diversifiée, mais ouverte aux relations inclusives. L'activité associative renvoie, en fin de compte, à une pratique pragmatique de la politique, respectant le caractère protéiforme du monde urbain, comme pour les *Bids*[1], ces associations de quartiers anglaises, constituées pour pallier les défaillances de l'État. Bien plus, les villes elles-mêmes peuvent s'associer entre elles pour faire contre-poids à l'autorité d'un État ou de toute autre entité politique transcendante. De l'idée d'un peuple-un, la vie urbaine nous fait passer à la reconnaissance d'un peuple-mosaïque. L'essor des villes permet de remettre en mouvement l'idée de la « communauté des citoyens », d'en dépasser toute vision figée[2]. Cette dernière ne saurait être définie à partir d'un étatisme abstrait,

1. *Bid* est un acronyme : *Business Improvement District. Cf.* également la notion de *Vergesellschaftung* chez Weber.
2. À condition également, comme l'a vu Simmel, que la notion de communauté urbaine retrouve un sens plus démocratique et corrige sa dérive strictement administrative, favorisant une gestion biopolitique réductrice des enjeux.

mais ne peut être que la résultante de tous ceux qui, par la diversité de leurs activités, tissent l'espace social. Si l'État, par exemple, s'interdit de donner le droit de vote aux étrangers qui vivent pourtant depuis longtemps sur son territoire, les villes peuvent, en revanche, les associer dans les consultations locales et témoigner que le droit de citoyenneté ne peut rester établi de façon autoritaire et formelle. De même, les relations étroites entre villes étrangères, par-delà les frontières étatiques qui les séparent, indiquent le vacillement d'une conception nécessairement archaïque de la souveraineté et l'élaboration d'une citoyenneté métanationale.

Depuis longtemps maintenant, les murs de la cité sont tombés et la ville-monde a été prise au mot : le monde est entré dans la ville et sa population diversifiée l'atteste[1]. Mais ce phénomène n'est encore que l'indice d'une donnée encore plus profonde : la ville est bien le milieu où l'homme affirme son être-au-monde, au travers de la poursuite des intérêts multiples et hétérogènes qui taraudent la société civile. Aussi, toute prise en compte politique de l'homme à partir d'une conception étriquée de la citoyenneté s'avère être une impasse réductrice. La démocratie urbaine est la mieux à même de résoudre, dans la pratique, tous les problèmes que l'État trop jacobin rend insolubles. La citoyenneté ne peut ignorer que l'homme dispose d'un être-au-monde qui demeure résolument ouvert. Cette ouverture ne va pas sans conflits d'intérêts, mais elle suscite de nouvelles capacités de solidarités et d'obligations mutuelles. Ainsi, en débordant la cité, la ville entérine l'impossible retour à une conception organique et fermée de celle-ci : elle marque au contraire sa nécessaire articulation sur l'historicité humaine. En prenant en compte l'homme dans le

---

1. *A contrario*, la « *gated community* » ne peut apparaître que comme une ville prétendument hors monde, réalisant de manière caricaturale et mystificatrice le principe de la ville u-topique.

citoyen, la démocratie urbaine souligne l'indétermination foncière de la notion de peuple – son caractère insaturé –, qui renvoie toujours à une réalité sociale en devenir. Elle témoigne du fait que la désincorporation politique des individus ne signifie pas nécessairement leur atomisation, mais au contraire la libération de leurs initiatives, afin de donner à la citoyenneté une nouvelle légitimité.

L'ÉNIGME DE LA VILLE

Il semble difficile de définir une ville à partir de sa stricte réalité matérielle et, de ce fait, aussi ardu de cerner son opposé : la campagne. Pascal avait déjà relevé ce paradoxe : « Une ville, une campagne, de loin c'est une ville et une campagne, mais à mesure qu'on s'approche, ce sont des maisons, des arbres, des tuiles, des feuilles, des herbes, des fourmis, des jambes de fourmis, à l'infini »[1]. Depuis que les villes ont perdu leurs enceintes, elles semblent échapper à toute définition possible et ne se présentent plus désormais que comme des « agglomérations ». La ville contemporaine, plus qu'aucune autre, apparaît livrée à l'indétermination et avoir perdu sa substance. Non seulement les villes s'enchevêtrent les unes avec les autres au point de former des conurbations[2] de plus en plus denses, mais la campagne semble elle-même dénaturée par le processus de développement hypertrophique des mégapoles contemporaines, au point de produire un phénomène étrange de « rurbanisation ». La contrariété traditionnelle entre la campagne et la ville est elle-même contrariée. Alors qu'Aristote affirmait qu'« il ne peut y avoir de passion réci-

1. Pascal, *Pensées*, 65-115, dans *Œuvres Complètes*, Paris, Seuil, 1963, p. 508.
2. Terme inventé en 1922. Aujourd'hui, on parle de « continentalisation » urbaine.

proque entre les contraires »[1], le monde contemporain paraît
enfreindre cette règle : villes et campagnes s'interpénètrent et
pâtissent directement l'une de l'autre au point de se détruire
et de former une réalité nouvelle : hybride et chaotique. La
banlieue concentre particulièrement les dissonances avec ses
concentrations démographiques et ses terrains vagues, ses
jardins qui poussent au milieu de tours, ses pavillons au ras
d'une décharge. Le terme de banlieue qui existait depuis le
XIIIe siècle n'est entré dans l'usage qu'à la fin du XIXe siècle.
Auparavant, on parlait de faubourg : le *fors-bourg*, mais *fors*
qui désigne le dehors du bourg connote aussi la contrefaçon.
La banlieue apparaît comme l'envers de la ville, au sens où elle
sert d'exutoire à ses problèmes et aux dysfonctionnements de
la société. Conçue exclusivement comme cité dortoir au temps
de l'expansion économique des années soixante, la banlieue
est apparue comme un piège se refermant sur une population
au chômage condamnée à essayer d'y vivre jour après jour.
Elle n'a alors jamais autant mérité son nom : le *ban* est le signe
d'une vassalité et même d'un exil imposé, comme lorsque l'on
dit « mettre au ban »[2]… La banlieue témoigne de l'énigme de
la ville contemporaine, au point d'apparaître comme un
Sphinx. Ce monstre rôdait à la périphérie de Thèbes et dévorait
les humains incapables de résoudre les énigmes qu'il leur
posait : la banlieue se montre aussi vorace et énigmatique. Plus
globalement, la mégapole contemporaine inaugure la ville-
Minotaure au sens où elle semble avoir été systématiquement
construite par Dédale et son aspect labyrinthique condamne
ceux qui s'y aventurent. Mais alors faudrait-il être Œdipe ou
Thésée pour percer les secrets de ce monstre d'absorption
excluante ?

---

1. Aristote, *Physique*, IV, 190 b 33.
2. En anglais, *suburb* présente le même type de connotations dévalo-
risantes.

L'impossibilité de définir une ville a conduit à investir dans les prothèses technologiques pour pouvoir cerner son identité : ainsi, les panoramas photographiques réalisés par vues aériennes et les images satellitaires nous offriraient la possibilité de comprendre la totalité de l'urbain et de révéler son entité. Le *zoom* serait-il la solution à l'énigme de la ville ? Mais d'en haut, nous ne circonscrivons que fantasmatiquement la ville. Chercher à saisir l'identité d'une ville en se plaçant du point de vue de Sirius est voué à l'échec, parce qu'il escamote l'existence de ses résidents. En réalité, l'énigme de la ville provient surtout d'un malentendu : nous cherchons à saisir son identité là où elle n'est pas. La ville apparaît énigmatique à ceux qui la cherchent exclusivement dans son extension spatiale, alors que celle-ci n'est encore que l'exemplification des projets humains. Une ville est le produit de l'activité industrieuse des hommes qui, sans cesse, inventent, entreprennent, construisent. En ce sens, l'émergence de la société civile a accéléré ce processus, en donnant libre cours à une multitude de projets. L'expansion de la ville-mégalopole témoigne de l'émancipation et de l'effervescence de la vie économique et sociale. Cette activité à l'œuvre est elle-même suspendue à une temporalité spécifiquement humaine qui est celle de la futurition. En tant qu'ensemble d'artefacts proliférant, la ville n'est que l'exemplification de ce trait caractéristique de l'homme qui fait qu'il se projette toujours en avant de lui-même, qu'il s'ouvre un avenir, qu'il élabore des projets. Le fil d'Ariane pour comprendre la ville se noue dans cette temporalité proprement humaine qui n'est autre que son historicité, par opposition au temps cyclique de la nature. Dès lors, la fameuse phrase de Baudelaire : « la forme d'une ville change plus vite, hélas ! que le cœur d'un mortel » ne peut se réduire à désigner la prolifération de la ville dans l'espace et de ses métastases commodément appelées « tentaculaires ». Le

« devenir ville » ne se réduit pas à un éclatement dans l'espace censé lui faire perdre toute possibilité d'identification. C'est ici confondre le changement avec le mouvement spatial, alors qu'il relève exclusivement du temps : seule la temporalité est la clef du changement. Une ville ne peut révéler son identité dans l'espace, parce que celle-ci se trouve dans l'enchevêtrement des rythmes d'historicité qui la taraudent. Son expansion-extension spatiale n'est encore que l'effet de la temporalité spécifiquement humaine. L'identité d'une ville s'affirme à partir de cette temporalité historique.

Car l'activité humaine se partage en deux domaines qui se complètent et aussi s'affrontent : la *praxis* et la *poiésis*. Celle-ci comme fabrication d'artefacts intervient sur des matériaux, alors que celle-là consiste à agir sur soi, à *se* produire. S'il est vrai qu'une ville résulte d'une construction, au sens d'une *poiésis* produisant des objets fonctionnels, il ne faut cependant pas oublier que la ville est aussi ce domaine où les hommes se construisent eux-mêmes : alors que la *poiésis* est transitive et que son opération ne s'accomplit que dans des objets, la *praxis* est fondamentalement intransitive : il s'agit ici de s'inventer, de manifester ce que nous nous proposons d'être. Le travail de construction vise toujours à obtenir un objet fini, achevé, c'est-à-dire une immédiation « actuée »[1]. En revanche, la *praxis*

---

1. Cette expression est de J. Tricot qui l'utilise pour commenter ce texte fondamental d'Aristote : « De l'art de bâtir dérive, non seulement l'action de bâtir, mais la maison (...) ici, l'action de bâtir est dans ce qui est bâti, elle naît et existe en même temps que la maison. Dans tous les cas, donc, où, en dehors de l'exercice, il y a production de quelque chose, l'acte est dans l'objet produit. (...) Par contre, dans tous les cas où aucune œuvre n'est produite en dehors de l'acte, l'acte réside dans l'agent même », Aristote, *Métaphysique*, Θ, 8, 1050 a 25-1050 b 1, Paris, Vrin, 1966, p. 512-514. L'action immanente est celle qui n'a pas d'autre fin qu'elle-même, qui perfectionne l'agent et ne tend pas à la réalisation d'une œuvre (*ergon*) : sa fin dernière n'est autre que l'usage. L'acte est alors tout entier dans l'agent. L'action transitive (*poiésis*), au contraire, se

demeure un travail de médiation incessant. La *praxis* témoigne de la capacité humaine à être l'acteur de son existence. Mais cette manifestation de soi n'est elle-même possible que par la présence d'autrui. Comme l'a vu Arendt, la liberté suppose de s'exposer au milieu des autres. Dès lors, seul le rassemblement d'une pluralité d'hommes qui se destinent à l'action peut permettre de faire l'expérience de la liberté. En tant que rassemblement des hommes appelé encore *polis*, la ville nous est donc apparue comme le milieu propice à l'expression de la liberté. La *praxis* politique déploie le sens de l'existence humaine au plus haut point et vise à l'accomplissement de l'homme lui-même, et non plus simplement de ses œuvres. Cette *praxis* requiert encore plus l'expérience de la temporalité humaine qui se noue autour de la futurition. Mais le sens de cette *praxis* est sujet à la plus grande précarité, car sans la présence des hommes et de leur mémoire qui en témoigne, l'éclat de l'action et de la parole est voué à ternir et disparaître. Aussi, la temporalité de la *praxis* humaine n'aurait aucun sens s'il n'y avait pas une mémoire pour nous faire prendre conscience précisément de ce qui change, puisqu'aucun changement temporel ne serait possible si, en même temps, quelque chose ne demeurait. Or, la conservation du passé n'est pas pour les hommes une opération spontanée. Elle nécessite l'entretien d'une mémoire collective qui s'inscrit dans le symbolique : le texte urbain en est le recueil. C'est pourquoi une ville qui se déploie dans le symbolique édifie non seulement des objets physiques au sens strict du terme, mais des méta-objets [1]. Une ville est

---

réalise dans une œuvre extérieure à soi-même : telle une maison, dans l'acte de construire.

1. *Cf.* Meinong : « Qui aime les paradoxes pourra fort bien dire : il y a des objets à propos desquels on peut affirmer qu'ils n'en sont pas », (traduction légèrement modifiée), *Théorie de l'objet et présentation personnelle*, Paris, Vrin, 1999, p. 73. Nous entendons ici par méta-objets des objets qui sont aussi des dispositifs symboliques. Sur la notion de méta-objets ou d'hyper-objets,

toujours, à travers ses monuments, ses noms de rues, de stations de métro, etc., une mémoire collective objectivée. Seul ce partage du sens permet de se sentir chez soi et peut faire d'un ensemble de constructions une demeure[1]. Ces noms de rues, de places ne sont pas seulement des signes entendus comme des indications, mais comme des emblèmes. En tant qu'œuvre de la *poiésis* une ville est exemplifiante, mais en tant que milieu de la *praxis*, elle devient alors exemplaire. Aussi, toute approche strictement dénotative de l'entité ville apparaît vouée à l'échec, parce qu'elle n'est pas un objet référentiel classique. Nous faisons ici l'expérience de l'inscrutabilité de la référence[2] ou de son indétermination, parce qu'elle renvoie à l'inscrutabilité de la temporalité humaine qui elle-même taraude le développement d'une ville. Celle-ci ne peut être saisie que par des dispositifs symboliques qui entretiennent un rapport oblique à la référence[3]. L'opacité référentielle apparaît nécessairement entretenue par la nature même de ce qui fait l'identité d'une ville, en l'occurrence l'historicité qui la sous-tend.

Toute ville est un monument de *monumenta* constitués en méta-objets symboliques qui instaurent autant de repères pour l'activité humaine et qui arriment son sens. Une ville qui fait

cf. nos deux contributions intitulées « Art et pouvoir », et « La démondéisation de l'art et ses limites : Art moderne et Art contemporain », dans *Art et Savoir*, I. Kustosz (dir.), « Les Rendez-vous d'Archimède », Paris, L'Harmattan, 2004.

1. *Cf.* la différence, en anglais, entre *in the house* et *at home*.

2. Quine appelle « contextes référentiellement transparents » ceux à l'intérieur desquels l'usage des noms est purement dénotatif, et les distingue des « contextes référentiellement opaques » où le principe de substitution *salva veritate* est en échec : cf. *La Poursuite de la vérité*, III, 20, Paris, Seuil, 1993 et également *Le Mot et la chose*, chap. IV, Paris, GF-Flammarion, 1977.

3. *Cf.* la notion de « contexte oblique » chez Frege : cf. *Sens et dénotation*, dans *Écrits logiques et philosophiques*, Paris, Points-Seuil, 1994, p. 105. Pour Frege, le sens n'est ni subjectif comme peut l'être la représentation, ni doté d'une objectivité comme l'est la signification strictement dénotative.

sens n'est pourtant pas celle qui s'offrirait à une histoire antiquaire consacrant un passé momifié, mais celle qui s'ouvre à une histoire monumentale [1] tournée vers de nouveaux recommencements. Chacun sait que des villes radicalement nouvelles se sont pensées dans la continuité d'anciennes : Rome se prenait pour une nouvelle Troie. Qu'il ne pût y avoir de nouvelle ville authentique sans réactivation du passé, d'attachement au passé sans réactivation de futurs antérieurs, ni de découverte de tels futurs sans obligation de mémoire, tout cela constituait pour les épigones romains tant de lieux communs, vérifiés par la commune expérience, que tout ce qui prétendait les transgresser était une sorte d'injure à eux qui voulaient donner une consistance au sens de leur existence. Toute ville ne peut avoir une âme et s'offrir un avenir que si elle porte en son sein le souvenir d'une ville disparue ou tout simplement de la ville ancienne qu'elle fut. Une ville est un entrelacs d'activités et d'artefacts dont l'enchevêtrement ne prend sens qu'en constituant une communauté symbolique. Gravée au poinçon du symbolique, l'œuvre qu'est la ville acquiert non seulement une physionomie, mais prend visage et favorise alors la rencontre. Car la rencontre n'est jamais une relation de sujet à objet. Il n'y a de rencontre qu'entre deux visages qui se regardent : il peut s'agir du visage d'autrui comme de cette œuvre qu'est la ville quand elle fait signe.

---

1. *Cf.* Nietzsche, *Seconde considération inactuelle*, 2 : « Que les épisodes mémorables du combat des individualités forment une chaîne, qu'elle relie sur des siècles les sommets de l'humanité (…) voilà ce qui constitue l'idée fondamentale de foi en l'humanité, exprimée dans l'exigence d'une histoire *monumentale* », « Classiques », Paris, Hachette, 1996, p. 24.

TEXTES ET COMMENTAIRES

TEXTE 1

Platon
La République
Livre V, 471c-473b*

Mais il me semble, Socrate, que si l'on te laisse poursuivre tu ne te souviendras jamais de la question que tu as écartée tantôt pour entrer dans tous ces développements : à savoir si pareil gouvernement est possible et comment il est possible. Que s'il se réalise dans une cité il y engendre tous ces biens, j'en conviens avec toi, et je citerai même d'autres avantages que tu omets : les citoyens lutteront d'autant plus vaillamment contre l'ennemi qu'ils ne s'abandonneront jamais les uns les autres, se connaissant comme frères, pères et fils, et s'appelant de ces noms. Et si leurs femmes combattent avec eux – soit dans les mêmes rangs, soit placées à l'arrière pour effrayer l'ennemi et porter secours en cas de nécessité – je sais qu'alors ils seront invincibles. Je vois aussi les biens qu'ils goûteront chez eux, et dont tu n'as pas fait mention. Mais puisque je t'accorde qu'ils auront tous ces avantages, et mille autres, si ce gouvernement se réalise, cesse de m'en parler. Essayons plutôt

* Platon, *La République*, trad. fr. R. Baccou, Paris, GF-Flammarion, 1966, p. 227-229.

de nous convaincre qu'une telle cité est possible, de quelle manière elle est possible, et laissons tranquille toute autre question.

Quelle irruption, m'écriai-je, fais-tu tout à coup dans mon discours, sans indulgence pour mes lenteurs ! Mais peut-être ne sais-tu pas qu'au moment où je viens, avec peine, d'échapper à deux vagues, tu en soulèves une nouvelle, la plus haute et la plus terrible des trois. Lorsque tu l'auras vue et entendue, tu m'excuseras certainement d'avoir, non sans raison, éprouvé hésitation et crainte à énoncer et à tenter d'examiner proposition aussi paradoxale.

Plus tu parleras de la sorte, moins nous te dispenserons de dire comment pareil gouvernement peut être réalisé. Explique-le donc sans tarder.

D'abord, repris-je, nous devons nous rappeler que c'est la recherche de la nature de la justice et de l'injustice qui nous a conduits jusqu'ici.

Sans doute, mais que fait cela ? demanda-t-il.

Rien. Seulement, si nous découvrons ce qu'est la justice, estimerons-nous que l'homme juste ne doit en rien différer d'elle, mais lui être parfaitement identique – ou bien nous contenterons-nous qu'il s'en rapproche le plus possible, et participe d'elle dans une plus grande mesure que les autres ?

Nous nous contenterons de cela.

C'était donc pour avoir des modèles que nous cherchions ce qu'est la justice en elle-même, et ce que serait l'homme parfaitement juste s'il venait à exister; pour cette même raison nous recherchions la nature de l'injustice et de l'homme absolument injuste : nous voulions, portant nos regards sur l'un et sur l'autre, voir le bonheur et le malheur dévolu à chacun d'eux, afin d'être obligés de convenir, en ce qui nous concerne nous-mêmes, que celui qui leur ressemblera le plus aura le sort le plus semblable au leur; mais notre dessein n'était point de montrer que ces modèles pussent exister.

Tu dis vrai, avoua-t-il.

Or donc, penses-tu que l'habileté d'un peintre se trouve diminuée si, après avoir peint le plus beau modèle d'homme qui soit, et donné à sa peinture tous les traits qui conviennent, il est incapable de démontrer qu'un tel homme puisse exister?

Non, par Zeus, je ne le pense pas.

Mais nous-mêmes qu'avons-nous fait dans cet entretien, sinon tracé le modèle d'une bonne cité?

Rien d'autre.

Crois-tu donc que ce que nous avons dit fût moins bien dit si nous étions incapables de démontrer qu'on peut fonder une cité sur ce modèle?

Certes non.

Telle est donc la vérité, repris-je; mais si tu veux que je m'efforce de montrer, pour te faire plaisir, de quelle façon particulière, et dans quelles conditions, pareille cité est au plus haut point réalisable, fais-moi de nouveau, pour cette démonstration, la même concession que tout à l'heure.

Laquelle?

Est-il possible d'exécuter une chose telle qu'on la décrit? Ou bien est-il dans la nature des choses que l'exécution ait moins de prise sur le vrai que le discours, bien que certains ne le croient pas? Mais toi, en conviens-tu ou non?

J'en conviens.

Ne me force donc pas à te montrer parfaitement réalisé le plan que nous avons tracé dans notre discours.

COMMENTAIRE

L'UTOPIE DE LA CITÉ IDÉALE

Les destins de l'urbanisme et de l'utopie semblent nécessairement se croiser. Lorsqu'il se donne pour objectif d'organiser dans le détail le cadre de la vie urbaine, l'urbaniste sait qu'il modifiera les données de la structure sociale et que son projet prendra un caractère politique. Inversement, l'utopiste qui propose de nouvelles règles de vie pour les citoyens est amené à préconiser un cadre pour la vie quotidienne compatible avec les principes qu'il prétend instaurer. Ainsi, Platon apparaît comme le père de l'urbanisme utopique et tous ceux qui ont renouvelé le genre – du *De optimo reipublicae statu, deque nova insula Utopia* de Thomas More à la *Nouvelle Atlantide* de Bacon, et de la *Cité du Soleil* de Campanella au *Voyage en Icarie* du socialiste Cabet, en passant par le fouriérisme – lui sont redevables d'avoir écrit *La République*. Certes, le terme même d'*utopie* n'est ni grec, ni platonicien : il n'apparaît qu'à la Renaissance. Thomas More[1] l'a inventé à partir du grec pour signifier « le pays de nulle part ». Si le terme d'utopie ne se trouve pas chez Platon, Aristote usera cependant de la notion d'*atopia* pour caracté-

---

1. *Cf.* le titre de l'œuvre de Thomas More publiée en 1516.

riser la *Callipolis* [1]. Depuis, l'application de la notion d'utopie à la philosophie de Platon a été, le plus souvent, le fait de ses détracteurs afin de souligner l'extravagance de son projet. En revanche, les partisans de Platon se sont plutôt évertués à atténuer cet aspect en pointant son effort pour prendre en compte certaines réalités historiques et politiques de son temps. Or si Platon a bel et bien brossé les traits d'une cité idéale, il en revendique fermement non seulement l'utopie, mais aussi l'uchronie : en un mot, au moment même où Platon prétend offrir un modèle de ville politique idéale, il tient à souligner qu'il n'est surtout pas transposable dans la réalité empirique. Ainsi voit-on, dans ce texte, Platon s'opposer par avance à toute confusion possible entre le domaine de l'idée et celui des faits, et par ce geste, se prémunir contre toute dérive totalitaire.

L'irréalisme de la Kallipolis

Glaucon intervient pour remettre au premier plan la question de la réalisation éventuelle de la cité idéale dont Socrate a entrepris la description – question que Socrate lui-même avait soulevée dès le départ : « en effet on pourrait mettre en doute que les choses dont on parle soient possibles » [2]. Taraudé par les doutes, Glaucon se livre à un troisième assaut – une troisième « vague » – visant à déstabiliser Socrate : après le projet d'intégration des femmes au corps des gardiens, celui du communisme des biens, des femmes et des enfants, voilà maintenant celui de l'institution des rois-philosophes qui va se retrouver sur la sellette. Ainsi, ces interrogations de Glaucon auraient le mérite de pointer l'abîme qui sépare le rêve de la réalité, si bien que Platon se serait senti forcé dans *Les Lois* d'infléchir son projet, en donnant des gages aux

1. *Cf.* Aristote, *La Politique*, II, 5-6.
2. Platon, *La République*, trad. fr. Leroux, Paris, GF-Flammarion, 2004, p. 262.

exigences du concret[1]. Aristote se fera l'écho des perplexités
de Glaucon en les étayant philosophiquement, pour démontrer
l'impossibilité et l'illégitimité du projet platonicien. Alors
qu'une cité est unité de la diversité, le communisme – fût-il
partiel, puisqu'il ne concerne pas la classe des laboureurs et
artisans – tend à réduire la cité à une unité indifférenciée :

> Car la cité est par nature une pluralité, et son unification étant par
> trop poussée, de cité elle deviendra famille, et de famille indi-
> vidu : en effet, nous pouvons affirmer que la famille est plus une
> que la cité, et l'individu plus un que la famille. Par conséquent,
> en supposant même qu'on soit en mesure d'opérer cette unifi-
> cation, on doit se garder de la faire, car ce serait conduire la cité à
> sa ruine. La cité est composée non seulement d'une pluralité
> d'individus, mais encore d'éléments spécifiquement distincts[2].

À cette critique sociologique, Aristote en ajoute une autre,
portant sur les formules linguistiques utilisées par Socrate
selon lesquelles, dans une cité dotée d'une unité parfaite,
« tous » pourraient dire du même objet, « ceci m'appartient et
appartient aussi bien à n'importe quel autre »[3]. Or, Aristote
relève avec subtilité que l'usage par Socrate du mot *tous* est
amphibologique : soit, chaque individu est pris distributi-
vement, au sens où tout un chacun pourrait appeler n'importe
quel enfant son propre fils ou n'importe quelle femme sa
propre épouse – et Aristote juge alors ce premier cas « fort
beau, mais irréalisable »[4] –; soit, *tous* est entendu collecti-

---

1. « Avec les *Lois*, nous sommes au contraire sur le plan de la réalité
concrète et de l'histoire », P. Lévêque et P. Vidal-Naquet, *Clisthène l'Athénien*,
Paris, Les Belles Lettres, 1964, p. 140.

2. Aristote, *La Politique*, II, 2, 1261 a 18-24, Paris, Vrin, 1970, p. 85.
Cf. également II, 5, 1263 b 35 : « C'est exactement comme si d'une symphonie
on voulait faire un unisson ».

3. *Cf.* Platon, *op. cit.*, V, 462c.

4. Aristote, *op. cit.*, II, 3, 1261 b 31 : il est en effet contradictoire qu'une
même chose appartienne à deux propriétaires différents.

vement et dès lors il est absurde de prétendre que quelque chose puisse être appelé «mien», puisque rien n'appartient plus en propre à quiconque. Aristote parle à ce propos de paralogisme. Enfin, il souligne combien, dans la pratique, le communisme des femmes et des enfants conduirait les citoyens à commettre, à leur insu, les pires crimes domestiques, tel celui de l'inceste. Et Aristote de conclure : «il est manifeste que le genre de vie qu'ils devraient mener est absolument intolérable»[1]. Le caractère foncièrement irréalisable et inacceptable de la *kallipolis* serait donc prouvé.

Du gouvernement de la cité à celui de l'âme

Or loin de dissiper les incertitudes qui planent sur la «faisabilité» d'un tel projet, Socrate abonde plutôt dans le sens de Glaucon en insistant sur le statut de modèle – de paradigme – de sa *kallipolis* et admet que, considérée sous cet angle, celle-ci puisse ne point exister. Pour comprendre ce paradoxe, il faut rappeler que l'objet principal de *La République* est la justice et les conditions de sa réalisation dans l'âme humaine. Si l'œuvre aborde le problème du gouvernement, de la *kubernésis*[2], il s'agit avant tout de chercher le meilleur gouvernement de soi-même. Socrate a préalablement été très clair : la question de la cité idéale n'est pour lui qu'un détour à la fois pédagogique et euristique afin de mieux apercevoir les conditions à réunir pour espérer avoir une âme juste :

> (*Socrate*) Si, devant les gens dont la vue manque d'acuité, on disposait des lettres formées en petits caractères pour qu'ils les reconnaissent de loin, et que l'un d'eux s'avise que les mêmes lettres se trouvent ailleurs en plus grands caractères et dans un cadre plus grand, je crois que cela leur apparaîtrait comme un

---

1. Aristote, *op. cit.*, II, 5, 1263 b 29.
2. *Cf.* Platon, *op. cit.*, VI, 488a.

don d'Hermès de reconnaître d'abord les grands caractères, pour examiner ensuite les petits et voir s'il s'agit des mêmes. – *(Adimante)* Très bien, répondit Adimante, mais quel rapport, Socrate, vois-tu là avec notre recherche sur la justice? – *(Socrate)* Je vais te répondre, dis-je. La justice, disons-nous, existe pour un homme individuel. Elle existe donc aussi, d'une certaine manière, pour la cité entière? – *(Adimante)* Tout-à-fait, dit-il. – *(Socrate)* Or, la cité est plus grande que l'homme individuel? – *(Adimante)* Elle est plus grande, dit-il. – *(Socrate)* Peut-être alors existe-t-il une justice qui soit plus grande dans un cadre plus grand, et donc plus facile à saisir. Si donc vous le souhaitez, nous effectuerons d'abord notre recherche sur ce qu'est la justice dans les cités; ensuite nous poursuivrons le questionnement de la même manière dans l'individu pris séparément, en examinant dans la forme visible du plus petit sa ressemblance avec le plus grand [1].

L'ordre de la *polis* que Socrate va établir ne doit donc servir qu'à mieux cerner l'ordre de la *psychè* à réaliser: l'objectif n'est pas de transposer nécessairement dans le concret un ordre politique idéal, mais à partir de ce modèle, de mieux saisir les enjeux du gouvernement de soi-même. Si Aristote reproche à Platon de réduire la vie de la *polis* à celle d'un individu, il ne croit pas si bien dire: pour ce dernier, la *kallipolis* n'a d'autre but que de mieux faire comprendre comment peut se réaliser la justice à l'échelle de l'individu, en établissant un rapport d'homothétie entre *polis* et *psychè,* entre macropole et micropole. Ainsi, la tripartition des classes – gouvernants, défenseurs, laboureurs – n'est que le décalque de la tripartition de l'âme – partie intellective, partie irascible, partie concupiscible [2]. Quant au principe du communisme des

---

1. Platon, *op. cit.*, II, 368d-369a.
2. «Les classes qui existent dans la cité sont bien les mêmes que celles qui existent dans l'âme de chacun pris individuellement, et elles y sont présentes en nombre égal», Platon, *op. cit.*, 441c.

biens et des femmes pour les gardiens, tout comme celui du gouvernement des philosophes, ils indiquent surtout que la justice intérieure de l'âme repose sur la subordination de la partie concupiscible à la partie irascible, et de celle-ci à la partie intellective. L'enjeu de *La République* est beaucoup plus moral que politique : la cité idéale n'y est, au bout du compte, qu'une expérience de pensée. Platon n'attend donc pas une parfaite réalisation de sa *kallipolis*, même au cas où les philosophes deviendraient rois. Chaque fois qu'il propose à l'homme d'imiter un idéal divin, il ajoute toujours l'expression « dans la mesure du possible ». À la fin du livre IX, il sera encore plus clair : « Le modèle est sans doute dans le ciel pour qui veut voir et, voyant, se gouverner lui-même ; mais peu importe qu'il soit réalisé quelque part ou soit encore à réaliser ; car c'est de lui seul, et d'aucun autre que le philosophe suivra les lois »[1].

L'antinomie entre le logos *et l'*ergon

L'utopie de la cité idéale suppose donc un fossé irréductible entre d'une part ce qui relève du domaine du *logos*, et d'autre part, ce qui appartient au registre de la production pratique : l'*ergon*. Dans notre texte, Socrate refuse que ses paroles (*logoï*) puissent être jugées à l'aune des faits (*ergoï*). La notion de modèle est ici ambiguë parce qu'il peut avoir aussi bien un sens méthodologique, qu'un sens éthique et normatif. En premier lieu, la *kallipolis* est présentée comme un modèle technique, au sens où il joue le rôle de modèle non certes réduit, mais plutôt agrandi pour l'étude de la structure de l'âme individuelle. En ce sens, elle peut sembler être une sorte de maquette, relevant du même ordre que celles façonnées par

---

1. Platon, *op. cit.*, IX, 592b.

les architectes[1]. Or Socrate souligne qu'il ne peut s'agir d'un modèle répondant à une simple efficacité technique : il s'agit bien d'un modèle normatif, en l'occurrence le modèle idéal que propose le peintre, lorsque loin de se contenter d'imiter ce qu'il voit autour de lui, il en présente une vision sublimée. Ainsi, le peintre qui présente l'homme parfaitement beau, sera considéré comme un bon peintre, bien qu'il ne puisse jamais prouver l'existence d'un tel homme. Loin d'être le produit d'une imitation, l'œuvre artistique devient elle-même un modèle à imiter. Ainsi, Platon assimile le portrait de son utopie de la cité idéale à l'activité du peintre, et non à celle de l'architecte. L'utopie a le mérite de montrer non seulement ce qui est difficile à voir, parce que trop petit, mais aussi de rendre manifeste ce qui de toute façon échappe à la vue sensible : la description de la justice sociale est l'icône de la justice intérieure dont la présence invisible assure l'équilibre de l'âme. Comme la peinture, l'utopie permet de colorer les traits eidétiques trop abstraits et leur donne «les caractéristiques de la vie et du mouvement»[2]. Elle joue le rôle d'hypotypose symbolique[3]. Car, une maquette d'architecture est un objet incapable de rendre compte – en raison de son immédiation actuée – de la vie et de la santé de l'âme qui sont l'objet privilégié de la réflexion de Platon. En revanche, dans *La République*, seule la

---

1. Platon parlera de «modeler comme dans de la cire une cité et des citoyens» et de «présenter une maquette semblable à ce que doit être l'œuvre projetée», *Lois*, V, 746a-b.

2. H. Joly, *Le Renversement platonicien*, Paris, Vrin, 1974, p. 328.

3. Kant recourt souvent à l'utopie de la république nouménale platonicienne : «L'État qui (…) en vertu de purs concepts rationnels, s'appelle un *idéal* platonicien (*respublica noumenon*) n'est pas un songe creux, mais une norme éternelle pour toute constitution politique en général et écarte toute guerre. Une société politique constituée conformément à elle, en est la représentation, suivant des lois de liberté, par le moyen d'un exemple donné dans l'expérience (*respublica phenomenon*) et ne peut être obtenue qu'avec peines après maintes hostilités», *Le Conflit des facultés en trois sections*, II, § 8, Paris, Vrin, 1955, p. 108.

peinture – celle de Polygnote plutôt que celle du caricaturiste Pauson [1] – est habilitée à le faire : elle seule est capable, usant de l'incarnat, de rendre le mouvement de la vie qui relève de la médiation incessante de l'âme. Dès lors, il n'est pas étonnant que l'art du peintre soit invoqué tout au long du *Politique* pour cerner ce qu'est l'activité politique dans sa spécificité, puisque celle-ci est comme l'âme affaire de médiation [2]. En mettant en relation étroite la politique et l'âme, Platon indique que la source même du perfectionnement de la cité ne se trouve que dans une certaine manière de se conduire, c'est-à-dire dans les mœurs qui fondent la notion de *politeia* [3], et non dans un constructivisme artificiel. Tout comme l'âme du monde se trouve être, pour Platon, le principe même du *kosmos*, la véritable puissance démiurgique de l'harmonie politique ne peut être que la *politeia*, définie comme l'âme de la cité [4]. Isocrate affirmera très clairement, dans *L'Aéropagitique*, que la constitution est l'âme de la cité [5]. Ainsi, en recourant à un modèle esthético-symbolique, Platon souligne que *La République* ne

1. « Ceux qui imitent des personnages agissants (…) les imitent ou meilleurs que nous ou pires ou semblables, comme le font les peintres : Polygnote les peint en mieux, Pauson en pire et Dionysos tels quels », Aristote, *Poétique*, 1448 a 1-7, Paris, Les Belles Lettres, 1997, p. 7-9.

2. « L'art qui s'occupe de l'âme, je l'appelle politique », Platon, *Gorgias*, 464b, Paris, GF-Flammarion, 1993, p. 161.

3. « *Politeia* » est le titre même de l'œuvre de Platon (« *De la justice* » est son sous-titre) dont le sens de constitution, voire de genre de vie n'est pas totalement rendu par la traduction traditionnelle : « *La République* ».

4. Dans le *Timée*, le Démiurge, présenté comme un architecte divin, est l'équivalent mythique de l'Âme du monde. En aucun cas, Platon n'envisage une construction artificielle : le démiurge est défini comme *fabricateur* et *père* de l'univers (*cf.* 28c). Il œuvre et engendre : il s'agit d'une activité d'animation qui donne vie. Or, celle-ci ne peut être, en dernière instance, que le fait d'une âme qui se caractérise par son auto-mouvement, à la différence d'un mouvement qui recevrait son impulsion d'un être extérieur.

5. Socrate rend hommage à Isocrate, à la fin du *Phèdre* (279b).

fait pas de la cité idéale le résultat d'un processus effectif de construction : tel est le sens, en fin de compte, de l'opposition entre *logos* et *ergon*. La *kallipolis* ne peut exister «qu'en parole et en pensée»[1] : ce n'est que lorsque Platon sera tenté par plus de réalisme qu'il fera appel aux modèles tridimensionnels des maquettes de l'architecture. Ici, il ne s'agit surtout pas d'ergonomie politique dans la mesure où l'activité politique ne peut être qu'affaire de paroles et d'actions[2], et non de productions. La notion d'*ergon* renvoie au champ lexical du travail, de l'extranéation de soi, où figure le verbe *ergazesthai*, «façonner» quelque chose. En faisant relever la politique de *logoï*, Platon accrédite l'idée qu'une telle activité renvoie à celle des philosophes et à cette rhétorique vraie qu'est la dialectique.

La fonction critique de l'utopie

La *kallipolis* n'est donc pas à prendre au pied de la lettre : elle renvoie à un possible d'ordre éthique et Platon nous avertit qu'elle n'est pas à produire dans la réalité sensible : alors que toutes les utopies modernes de la ville idéale se complaisent dans le souci du détail, Platon s'interdit, au contraire, de vouloir légiférer, par exemple, sur les usages vestimentaires et la coupe de cheveux[3]. Il s'agit bien d'une fiction mythique : «la constitution politique dont nous faisons le portrait (*mutho-logoûmen*) par nos paroles ne trouvera pas sa réalisation dans les faits»[4]. Paul Valéry a beau imaginer un Socrate qui ferait,

1. Socrate nous en avait averti : «Construisons en paroles notre cité», *La République*, II, 369c.

2. Dès le *Charmide*, Platon avait entériné le clivage entre *poièmata* et *pragmata* : «Ainsi, tu distingues la fabrication et l'action», 163 b.

3. *Cf.* Platon, *op. cit.*, IV, 425b. Dans les *Lois*, Platon se montrera plus vétilleux, mais là le philosophe aura laissé la place au législateur.

4. Platon, *op. cit.*, VI, 501e. Dans le *Timée*, Critias fera référence à *La République* comme à un «exposé mythique».

en comparaison de l'œuvre réalisée par l'architecte Eupalinos de Mégare, son autocritique[1], son personnage n'a cependant aucune densité philosophique : car on peut reprocher à Socrate de s'être complu dans de vains bavardages au lieu d'avoir mis la main à la pâte pour construire une œuvre matérielle utile et durable, mais c'est ignorer que le *logos* socratique s'est évertué à souligner l'écart irréductible qui sépare la construction architecturale de l'édification de soi-même. Ainsi, les fortifications construites à Athènes lui paraissent vaines et dispendieuses[2] puisque pour lui – par analogie avec Sparte – seuls les « nobles exercices » et les « maximes vraies » « sont les meilleures sentinelles, les meilleurs gardes de la raison »[3]. Or, si la *kallipolis* n'est qu'un mythe, celui-ci n'apparaît pas comme une démission de la raison, mais plutôt comme l'auxiliaire de la raison, du *logos*. Le *muthos* ne consiste pas ici à verser dans

---

1. « *Socrate* : Y a-t-il quelque chose de plus vain que l'ombre d'un sage ? *Phèdre* : Un sage même. *Socrate* : Hélas ! Un sage même, qui ne laisse après soi que le personnage d'un parleur (...). Si vous ne m'eussiez pas écouté, mon orgueil eût cherché de quelque autre manière à se soumettre vos pensées... J'eusse bâti, chanté... Ô perte pensive de mes jours ! Quel artiste j'ai fait périr ! ... Quelles choses j'ai dédaignées, mais quelles choses enfantées ! ... Je me sens contre moi-même le Juge de mes Enfers spirituels ! Tandis que la facilité de mes propos fameux me poursuit et m'afflige, voici que je suscite pour Euménides mes actions qui n'ont pas eu lieu, mes œuvres qui ne sont pas nées (...); *Phèdre* : Qu'est-ce donc que tu veux peindre sur le néant ? *Socrate* : L'anti-Socrate. *Phèdre* : J'en imagine plus d'un. Il y a plusieurs contraires de Socrate. *Socrate* : Ce sera donc... le constructeur », P. Valéry, *Eupalinos, op. cit.*, p. 95-99.

2. Platon fait d'Athènes l'illustration de la cité phlegmoneuse : pour lui, la construction des fortifications et arsenaux voulue par Thémistocle et Périclès, tout comme celle des Longs Murs entre Athènes et le Pirée relèvent de politiques de flatterie ayant renoncé à amender les mœurs : cf. *Gorgias*, 517b-c, p. 292.

3. Platon, *op. cit.*, VIII, 560b. Machiavel lui-même critiquera le recours abusif aux fortifications : cf. *Le Prince*, chap. XX, dans *Œuvres Complètes*, « Bibliothèque de La Pléiade », Paris, Gallimard, 1952, p. 355-356.

la fantaisie, mais apparaît comme une expérience de pensée[1] qui prend la forme de l'utopie. Le discours utopique peut donc être véridique (*alethinon logon*) : sa conception est en rapport exact avec la déception éprouvée vis-à-vis de la réalité historique concrète. On comprend dès lors pourquoi Cassirer a pu affirmer que Platon avait « brisé le pouvoir du mythe »[2], en inventant la *kallipolis*. Cette Idée présente surtout une dimension critique vis-à-vis de la réalité prosaïque de son temps : le statut de la femme, par exemple, est revalorisé puisqu'elle apparaît digne de faire partie des gardiens. L'utopie illustre la puissance de l'activité symbolique de l'esprit humain qui refuse la soumission au donné et s'ouvre, par delà le réel, au possible. Alors que la pensée mythique traditionnelle ne vise qu'à soumettre l'homme aux puissances de la nature, l'utopie platonicienne se définit par un écart irréductible au réel qui lui permet d'exercer vis-à-vis de celui-ci une fonction critique.

Il y a une pathologie de la culture qui consiste à vouloir à tout prix réifier les concepts symboliques élaborés par l'homme. Cette maladie consiste à vouloir chosifier les symboles, en tuant leur esprit pour les prendre exclusivement à la lettre. Alors que l'aptitude proprement humaine à la symbolisation consiste à transformer les choses en signes, la pathologie serait de vouloir convertir les signes en choses, de les pétrifier dans le monde prosaïque. Dans ce cas, l'écart salvateur et fécond du symbolique par rapport au réel est gommé et avec lui toute possibilité de distanciation critique. L'utopie se dégrade alors en idéologie dogmatique : au lieu d'entretenir la critique du réel, celle-ci vise, au contraire, à acquiescer les yeux fermés à un certain type de réalité. C'est pourquoi prétendre transformer le socialisme utopique en socialisme

---

1. « Loin que le *logos* démontre ce que montre le mythe, c'est le mythe qui vient montrer ce que le *logos* démontre », H. Joly, *op. cit.* p. 335.

2. Cassirer, *op. cit.*, p. 103.

« scientifique » a conduit non pas à la réalisation de la cité idéale, mais au totalitarisme : ce dernier a systématisé la confusion funeste entre *poiésis* et *praxis*. Quant à Platon, il ne faudrait croire qu'il fut incapable de réalisme politique. Si la *kallipolis* est principiellement irréalisable, lui-même a admis que dans le monde sensible voué au devenir chaotique, la démocratie s'avère être le moins mauvais des régimes politiques : quand toutes les constitutions sont exposées au dérèglement, « c'est en démocratie qu'il fait meilleur vivre » déclare Platon dans *Le Politique*[1].

1. Platon, *Le Politique*, 303b, Paris, Les Belles Lettres, 1970, p. 74. Aristote reprendra ce propos : « La démocratie est la moins mauvaise (des formes de gouvernement corrompu) », *Éthique à Nicomaque*, VIII, 12, 1160 b 18, Paris, Vrin, 1967, p. 413 (*cf.* également *La Politique*, IV, 2, 1289 b 1-12 où Aristote commente la thèse de Platon).

TEXTE 2

WALTER BENJAMIN
Paris, capitale du XIXe siècle
Le livre des passages*

Haussmann ou les barricades

L'idéal d'urbaniste d'Haussmann, c'étaient les perspectives sur lesquelles s'ouvrent de longues enfilades de rues. Cet idéal correspond à la tendance qui pousse sans cesse le XIXe siècle à ennoblir les nécessités techniques par de pseudo-fins artistiques. Les temples du pouvoir spirituel et temporel de la bourgeoisie devaient trouver leur apothéose encadrés par des enfilades de rues, que l'on dissimulait par une toile qui était levée le jour de l'inauguration, comme pour les monuments. – L'activité d'Haussmann s'intègre à l'impérialisme napoléonien. Celui-ci favorise le capital financier. Paris connaît une période faste pour la spéculation. Celle qui se joue à la Bourse refoule les formes du jeu de hasard héritées de la société féodale. Aux fantasmagories de l'espace auxquelles s'abandonne le flâneur correspondent les fantasmagories du temps

* W. Benjamin, *Paris, capitale du XIXe siècle*, Paris, Le Cerf, 2002, p. 44-45.

qui font rêver le joueur. Le jeu transforme le temps en drogue. Lafargue voit dans le jeu une reproduction en miniature des mystères de la conjoncture économique. Les expropriations d'Haussmann suscitent une spéculation frauduleuse. La jurisprudence de la Cour de cassation qui est inspirée par l'opposition bourgeoise et orléaniste accroît le risque financier de l'haussmannisation.

Haussmann tente d'étayer sa dictature et de placer Paris sous un régime d'exception. En 1864, dans un discours à la Chambre, il donne libre cours à sa haine de la population déracinée des grandes villes. Laquelle ne cesse de s'accroître du fait même de ses travaux. Le renchérissement des loyers chasse le prolétariat dans les « faubourgs ». Les « quartiers » de Paris perdent ainsi leur physionomie propre. La « ceinture rouge » apparaît. Haussmann s'est baptisé lui-même « artiste démolisseur ». Il sentait en lui une véritable vocation et il y insiste dans ses *Mémoires*. Cependant il fait des Parisiens des étrangers dans leur propre ville. Ils n'ont plus le sentiment d'y être chez eux. Ils commencent à prendre conscience du caractère inhumain de la grande ville. L'œuvre monumentale de Maxime Du Camp, *Paris*, doit sa naissance à cette prise de conscience. Les *Jérémiades d'un haussmannisé* lui donnent la forme d'une lamentation biblique.

La vraie finalité des travaux d'Haussmann était de prémunir la ville contre la guerre civile. Il voulait rendre à jamais impossible l'édification de barricades à Paris. C'est dans le même esprit que Louis-Philippe avait introduit le pavage de bois. Pourtant les barricades jouèrent un rôle pendant la révolution de Février. Engels s'intéresse à la tactique des combats sur les barricades. Haussmann veut les empêcher de deux façons. La largeur de la chaussée doit en interdire la construction et les nouvelles rues qui sont percées doivent conduire le plus rapidement possible des casernes aux quartiers ouvriers. Les contemporains baptisent l'entreprise l'« embellissement stratégique ». (…)

La barricade est ressuscitée par la Commune. Elle est plus forte et mieux conçue que jamais. Elle barre les grands boulevards, s'élève souvent à hauteur du premier étage et abrite de vraies tranchées. De même que le *Manifeste du parti communiste* clôt l'ère des conspirateurs professionnels, la Commune met un terme à la fantasmagorie qui domine les premières aspirations du prolétariat. Grâce à elle l'illusion selon laquelle la tâche de la révolution prolétarienne serait d'achever l'œuvre de 1789, en étroite collaboration avec la bourgeoisie, se dissipe comme une apparence. Cette chimère domine l'époque qui va de 1831 à 1871, de l'insurrection de Lyon à la Commune. La bourgeoisie n'a jamais partagé cette erreur. Sa lutte contre les droits sociaux commence dès la Révolution de 89 et coïncide avec le mouvement philanthropique qui l'occulte et qui connaît son plus important développement sous Napoléon III. C'est pendant le règne de ce dernier que s'élabore l'œuvre monumentale de ce mouvement, *Les Ouvriers européens* de Le Play. À côté de la position couverte de la philanthropie la bourgeoisie a de tout temps assumé la position ouverte, de la lutte des classes. Dès 1831 elle reconnaît dans le *Journal des débats* : « Tout manufacturier vit dans sa manufacture comme les propriétaires de plantation parmi leurs esclaves ». S'il a été fatal pour les émeutes ouvrières anciennes que nulle théorie de la révolution ne leur ait montré le chemin, c'est aussi, d'un autre côté, la condition nécessaire de la force immédiate et de l'enthousiasme avec lesquels elles s'attaquent à la réalisation d'une société nouvelle. Cet enthousiasme, qui atteint son paroxysme dans la Commune, a gagné parfois à la cause ouvrière les meilleurs éléments de la bourgeoisie, mais a amené finalement les ouvriers à succomber à ses éléments les plus vils. Rimbaud et Courbet se rangent du côté de la Commune. L'incendie de Paris est le digne achèvement de l'œuvre de destruction du baron Hausmann.

COMMENTAIRE

L'URBANISME REMIS EN QUESTION

L'architecture et l'urbanisme relèvent de niveaux différents de la réalité sociale. L'architecture s'en tient à une échelle micro-sociologique, alors que l'urbanisme a une prétention macro-sociologique. L'objet de l'architecture demeure celui de l'immeuble, alors que l'urbanisme porte sur la société dans son ensemble. Le parti-pris politique qu'une telle approche peut impliquer est souvent occulté parce que l'urbaniste prétend intervenir en professionnel. Alors que l'architecture relève de l'art, l'urbanisme se définit comme une science : celle de l'aménagement rationnel des infrastructures et des zones d'habitation de la ville[1]. Même si l'on attribue traditionnellement le premier traité d'urbanisme – *Den Städtebau*[2] – à J. Stübben, cette science eut des précurseurs. Dans l'Antiquité, Aristote fait référence à Hippodamos de Milet qui fut l'instigateur d'un plan géométrique en damier pour la ville[3]. Sa

---

1. *City-planning* en anglais.
2. Publié pour la première fois à Darmstadt, Bergsträsser Verlag, 1890.
3. Aristote, *La Politique*, II, 8. Dans son introduction à *La République* (Paris, Les Belles Lettres, I, p. XXXVI), Diès l'appelle « le Hausmann du siècle de Périclès ».

réflexion sur l'espace civique a couvert à la fois le problème de l'organisation de la cité et celui de la configuration de la ville. Avant l'heure, il aurait inventé le *zoning* : de même qu'il distingue dans le groupe social des classes fonctionnelles spécialisées, de même il délimite à l'avance dans le tracé des villes des zones fonctionnelles différenciées correspondant aux divers types d'activités. À l'opposé du souci de Clisthène visant à articuler l'espace politique et l'espace urbain sur un principe d'homogénéisation, Hippodamos distribue ces derniers selon une exigence de cloisonnement. L'urbanisme entretient donc une ambiguïté fondamentale : il se présente comme relevant de la compétence technique, mais il poursuit en même temps des buts politiques. Il en est ainsi du baron Hausmann, préfet de Napoléon III, qui, au XIXe siècle, réaménagea Paris pour rendre la capitale plus viable, mais aussi et surtout pour la rendre plus sûre politiquement, c'est-à-dire en prenant les dispositions nécessaires pour réduire la vie politique dans la capitale. L'urbanisme apparaît ici comme une entreprise visant à réaliser les conditions du dépérissement de la politique, au cœur de la ville. Plutôt que d'appliquer un principe de différenciation comme Hippodamos, le projet hausmannien reposait sur un principe d'exclusion de la population ouvrière de la ville *intra-muros*. Il consista à raser le centre de la capitale et à aménager de grands boulevards afin de mieux mettre l'action politique populaire dans l'impasse. Tout comme Napoléon III avait voulu éliminer le rôle du parlement, l'entreprise urbanistique du baron Hausmann prétendait neutraliser toute agitation dans la ville-capitale. Benjamin souligne comment la Commune de Paris a constitué une réplique cinglante à ce projet, en réhabilitant l'action politique[1].

---

1. « Ce fut une réplique populaire à la stratégie de Hausmann. Les ouvriers, chassés vers les quartiers et communes périphériques se réapproprièrent

Alors que Hausmann espérait évacuer l'histoire et ses contradictions[1] – comme si l'on pouvait faire table rase du passé et neutraliser le caractère aventureux du futur grâce à la structuration rationnelle de l'espace –, la Commune de Paris de 1871 signe l'échec de cette prétention.

De l'esthétique à la biopolitique

Le programme d'expropriation et de grands travaux du préfet n'a pourtant pas été le résultat d'une simple fantaisie d'empereur. Certes, Napoléon III prétendait réactiver le souvenir de son oncle qui s'était lui-même lancé, à son époque, dans des travaux de prestige pour laisser son empreinte dans la capitale : les deux arcs à la gloire de ses armées, la colonne Vendôme, la Madeleine et la Bourse. Mais Napoléon 1er poursuivait déjà des buts strictement politiques : il décida de faire joindre, par exemple, deux tronçons existants, Neuilly-Concorde et Bastille-Vincennes, par un axe central : la rue de Rivoli, afin d'empêcher toute nouvelle émeute des Tuileries et de mettre fin aux défilés fréquents dans l'entrelacs des rues du faubourg Saint-Honoré. L'effort d'aménagement de la capitale répondait déjà, chez lui, au critère de la rationalisation de la vie urbaine dans la capitale. Or, au milieu du XIXe siècle, les conditions de vie à Paris se sont beaucoup dégradées, en raison des effets de la révolution industrielle. Le développement de voies ferrées et de gares qui pénètrent au cœur même de la capitale a entraîné des effets démographiques désastreux. Une population misérable s'entasse dans des quartiers insalubres, où règne alors la promiscuité favorisant les miasmes morbi-

l'espace dont le bonapartisme et la stratégie des dirigeants les avaient exclus », H. Lefebvre, *Espace et politique*, Paris, Economica, 2000, p. 168.

1. En tant que saint-simonien convaincu, Napoléon III croyait au mythe du progrès linéaire.

des. Aussi, même si un souci d'urbanisme esthétique rappelant une époque révolue s'y manifeste, les travaux entrepris par Haussmann ne visent pas seulement un embellissement de la capitale. Certes, l'intention est de faire de Paris une ville spectacle, au sens théâtral du terme, c'est-à-dire fondée sur un principe de dichotomie entre la scène et le public, visant en l'occurrence à maintenir le peuple à distance et le réduisant à la passivité politique[1]. Le souci de ménager le plus possible des perspectives correspond à cette logique du spéculaire et du spectaculaire qui régit en partie les projets haussmaniens élaborés pour le prestige du Second Empire. Mais le prétexte d'embellissement apparaît relever d'un travail de mystification idéologique que Benjamin appelle « fantasmagorie »[2]. Le projet urbanistique de Haussmann vise surtout la normalisation du comportement citadin : il correspond à la mise en œuvre de la biopolitique. Il consiste à prendre en charge la vie de la population citadine pour la rendre plus disciplinée et exercer sur elle une tutelle efficace. Aussi veille-t-il à purifier la capitale en réalisant un système d'aération fondé sur une hiérarchie d'espaces verts... Il s'agit de rendre la ville plus fonctionnelle – en privilégiant les flux –, de désenclaver les quartiers – en les éventrant ou en faisant le plus possible place nette, comme pour l'île de la Cité –, de les relier ensemble – à l'aide de grandes artères –, de faire œuvre de salubrité publique – en établissant un système d'eau potable –, et d'opérer surtout une prophylaxie de la contestation politique, en

---

1. « Le vandalisme d'Hausmann, rasant le Paris historique pour faire place au Paris du touriste », Marx, *La Guerre civile en France*, Paris, Éditions Sociales, 1968, p. 85.

2. « La fantasmagorie de la culture capitaliste trouve son plus grand épanouissement lors de l'Exposition universelle de 1867 », Benjamin, *op. cit.*, p. 40.

rejetant à l'extérieur de la ville la population potentiellement rebelle. Hausmann était résolu à régler la question sociale en faisant office de médecin du corps urbain, dans le droit fil de l'hygiénisme[1]. Mais cette « thérapie de choc » reposait, pour remédier aux nuisances, sur une police sanitaire relevant du droit administratif. L'assainissement de la capitale effectué par Hausmann allait de pair avec les idées saint-simoniennes qui avaient marqué Napoléon III, dans sa jeunesse, et qui préconisaient de passer « du gouvernement des hommes à l'administration des choses ». Le préfet Hausmann a sciemment confondu politique et police[2] – cette dernière ne se réduisant pas à de basses opérations de répression, mais à une véritable technique de gouvernement cherchant à optimiser les fonctions, en n'hésitant pas à « défonctionnaliser » ceux dont la présence dans la ville apparaît inutile.

La revanche de la praxis sur la poiésis

Les ambivalences du réaménagement de Paris, par le préfet de Napoléon III, se cristallisent dans cette volonté de l'urbanisme de réduire l'action politique. Grâce à cette approche biopolitique de la gestion de la capitale, Hausmann nourrissait l'espoir que la *poiésis* puisse avantageusement remplacer la *praxis*. En opposant l'expérience politique de la Commune de Paris de 1871 à l'entreprise de normalisation urbanistique opérée par Hausmann, Benjamin dénonce l'illusion qui consiste à faire croire qu'une ville pourrait être gérée selon le schéma

---

1. Les hygiénistes du XIXe siècle ont incité les administrations à adapter la ville aux nécessités de l'ère industrielle : le permis de construire, par exemple, qui existait depuis 1852 à Paris, pour des raisons de salubrité, a été généralisé à l'ensemble de la France : *cf.* la loi sur la santé publique du 15 février 1902.

2. *Cf.* M. Foucault, *« Omnes et singulatim » : vers une critique de la raison politique*, dans *Dits et écrits*, IV, Paris, Gallimard, 1994, p. 134-161.

classique de la production technique, organisée autour de la relation fin-moyens. De ce point de vue, la fin justifie toujours les moyens : tout comme les fins de l'*homo faber* justifient la violence faite à la nature pour obtenir les matériaux, la fin fonctionnelle de l'urbaniste justifie la destruction des usages inscrits dans une tradition [1]. Mais l'inconvénient de la norme d'utilité inhérente à toute activité poiétique est que le rapport entre fin et moyens ressemble beaucoup à un cercle vicieux où chaque fin peut toujours devenir à son tour moyen. Dans un monde régi par la fonctionnalité, toutes les fins sont vouées à se transformer en moyens en vue de nouvelles fins. Le fonctionnalisme est incapable de distinguer entre l'utilité et le sens. Aussi l'utilitarisme étroit n'est jamais en mesure de justifier le critère même de l'utilité. Alors que le sens est l'expérience même de la médiation, une fin – une fois atteinte – cesse d'être une fin et devient un objet caractérisé par son immédiation actuée [2]. Hausmann a beau prétendre procéder à « l'embellissement stratégique » de Paris et faire le bonheur des habitants à leur place, ceux-ci se sentent eux-mêmes instrumentalisés et réduits au rôle de figurants, si bien que leur ville leur paraît un objet purement fabriqué, voué à leur échapper. Napoléon III cherchait à tout prix à occulter l'irréductibilité de la *praxis* politique : le « retour du refoulé » prendra d'abord la forme de la guerre de 70, puis celle de la Commune [3].

---

1. Il suffit de constater ce que l'on a fait à *Beijing*, ces dernières années, au nom de la modernisation.

2. « Si l'on fait de l'homme la mesure de tous les objets d'usage c'est avec l'homme usager et instrumentalisant que le monde est mis en rapport, et non pas avec l'homme parlant et agissant ni avec l'homme pensant », H. Arendt, *op. cit.*, p. 177. Platon avait répliqué à la fameuse phrase de Protagoras que « Dieu est la mesure des objets d'usage », cf. *Lois*, 716d.

3. « L'antithèse directe de l'Empire fut la Commune », Marx, *op. cit.*, p. 62.

Les communards s'employèrent à réhabiliter la *praxis* au cœur même de Paris. En élevant des barricades, ils montrèrent que ce que Hausmann avait voulu techniquement empêcher pouvait encore se réaliser politiquement. Une barricade élevée à la manière de Blanqui peut être comparé à un édifice, sans se confondre avec une construction architecturale[1]. Bien plus, les barricades viennent montrer les limites de l'objectif hausmannien de promouvoir la circulation, grâce à de grandes percées rectilignes dans Paris : un axe ouest-est de la rue de Rivoli à la rue Saint-Antoine, et un axe nord-sud débouchant sur la place du Châtelet, se poursuivant dans la Cité et coupant en deux le quartier latin par le boulevard Saint-Michel. D'autres percées plus stratégiques encore comme celle de la rue de Turbigo menant à deux casernes établies sur l'actuelle place de la République n'empêcheront pas la multiplication des barricades : celles-ci révèlent qu'une rue n'est pas seulement une artère, mais peut elle-même être habitée[2]. La Commune témoigna qu'en fin de compte, c'est politiquement que l'on habite une ville. Le propre de la *praxis* est de refuser de se laisser façonner, de se plier au rapport fin-moyens, pour s'affirmer plutôt comme commencement[3]. C'est en s'arrachant aux rapports de stricte causalité mécanique, en commençant un nouveau processus que l'homme éprouve sa liberté au milieu des autres et parfois au risque de sa vie. Alors qu'un projet de construction vise à l'accomplissement d'une fin

1. « Lorsque Fourier cherche autour de lui un exemple de "travail non salarié mais passionné", le premier qu'il aperçoit est la construction de barricades », Benjamin, *Charles Baudelaire*, Paris, Payot-Rivages, 2002, p. 30.

2. « Les rues sont l'appartement du collectif », Benjamin, *op. cit.*, p. 875.

3. « Il est dans la nature du commencement que débute quelque chose de neuf auquel on ne peut pas s'attendre d'après ce qui est passé auparavant », Arendt, *op. cit.*, p. 200.

déterminée, l'action ne vaut surtout qu'en tant que commencement, qu'en tant qu'elle inaugure un événement : c'est pourquoi celui-ci « illumine son passé » – comme dit Arendt –, plutôt que de se laisser expliquer par lui[1]. L'expérience de la Commune fut une initiative de liberté : avec elle, la temporalité historique humaine a repris ses droits aux coins des rues[2]. Les exigences de la *praxis* et de la *lexis* ont repris le dessus sur les œuvres de la *poïesis* – fût-elle urbanistique. Et lorsque « les mains de Jeanne-Marie » ont mis le feu à Paris, il s'agissait non seulement de contre-feux, mais aussi de signifier que le bâtir n'est pas encore l'habiter[3], tout comme lors de la révolution de juillet 1830, les parisiens avaient tiré sur les horloges de la capitale, pour dénoncer un type de temporalité inauthentique[4]. La « semaine sanglante » – dont témoigne encore le mur des Fédérés – à l'issue de laquelle les Versaillais, aidés par l'armée d'occupation allemande, mirent fin à la Commune, fut la vérité apocalyptique de la biopolitique haussmannienne.

La Commune comme expérience de liberté

Benjamin souligne également que le goût pour l'action de la Commune a été son propre ressort, sans qu'elle daigna faire

1. Arendt insiste sur « l'infinitude » caractéristique de l'action humaine, *op. cit.*, p. 214.

2. « La Constitution communale aurait restitué au corps social toutes les forces jusqu'alors absorbées par l'État parasite qui se nourrit sur la société et en paralyse le libre mouvement », Marx, *op. cit.*, p. 66. Marx parle également d'un « Paris radieux dans l'enthousiasme de son initiative historique », p. 75.

3. « La Commune a employé le feu strictement comme moyen de défense. Elle l'a employé pour interdire aux troupes de Versailles ces longues avenues toutes droites qu'Haussmann avait expressément ouvertes pour le feu de son artillerie », Marx, *op. cit.*, p. 84-85.

4. *Cf.* Benjamin, *Sur le concept d'histoire*, dans *Écrits français*, Paris, Folio-Essais, 1991, p. 441.

de sa pratique l'application d'une théorie préalable. Loin de présager la révolution bolchevique, elle s'en distingue nettement d'avance, et en particulier du propos de Lénine selon lequel « sans théorie révolutionnaire, pas de pratique révolutionnaire »[1]. Pour Benjamin, il est de la plus haute importance de relever qu'ici nulle « théorie de la révolution » n'est venue guider l'action politique : cette absence fut même la condition de la puissance de cet événement. Vouloir faire de la politique l'application d'une quelconque théorie – fût-ce celle du socialisme dit « scientifique » – implique la réduction de l'action à une nouvelle forme de *poïésis*, c'est-à-dire de fabrication qui, en fin de compte, dénie la liberté : le constructivisme « lénino-stalinien » ne pouvait enfanter que la barbarie totalitaire. Avec ce dernier, l'action politique fut pensée sur le modèle de la construction, c'est-à-dire qu'elle fut radicalement dénaturée et la démocratie fut sacrifiée. Bien plus, le prophétisme historiciste qui a sous-tendu le révolutionnarisme bolchevique s'appuyait lui-même sur le schéma des rapports entre fin et moyens et ne pouvait donc conduire qu'à faire l'impasse sur la liberté. Tout l'effort de Benjamin a été, au contraire, de montrer que l'histoire ne peut être pensée comme un processus qui conduirait nécessairement à l'accomplissement d'une fin postulée d'avance et hypostasiée[2]. Benjamin suggère ici que la Commune de Paris n'a pas du tout été un signe précurseur de la révolution soviétique, mais plutôt la réactivation de possibles oubliés, de virtualités enfouies dans le passé. La Commune doit

---

1. *Cf.* Lénine, *Œuvres Complètes*, IV, Paris, Éditions Sociales, 1950, p. 217.

2. L'activité politique de Blanqui fut significative, dès 1848 : elle « ne suppose nullement la foi dans le progrès. Elle ne suppose tout d'abord que la résolution d'éliminer l'injustice présente », Benjamin, *Charles Baudelaire, Zentralpark, op. cit.*, p. 247.

être pensée comme une expérience originale, possédant sa raison d'être en elle-même et n'ayant pas à être nécessairement rapprochée du communisme soviétique[1]. Mais comme tout événement politique, elle fut en même temps une survenance et une « revenance ». Certes, la répétition peut prendre une forme parodique et conduire à un psittacisme politique : il en fut ainsi du coup d'État du 2 décembre 1851 qui fut la caricature du sacre du vieux Napoléon. Mais la répétition relève aussi d'une histoire monumentale où les plus grandes initiatives humaines se font écho[2]. Avec la Commune, il ne s'agit même pas de réactiver le souvenir de la commune médiévale, mais de quelque chose de plus profond : si pour Benjamin, l'histoire humaine n'est qu'un éternel recommencement, ce qu'elle recommence n'est autre que l'*aptitude même à commencer*, à imposer un commencement comme pierre de touche de la liberté s'éprouvant dans l'action. La Commune apparaît bien comme le recommencement de ce commencement possible, inhérent à la capacité spécifiquement humaine de prendre des initiatives[3]. Elle se présentait comme le signe de la liberté : parce qu'elle se voulait plus qu'une ville, elle fut capable d'indiquer

1. Dans une lettre à Kugelmann du 12 avril 1871, pendant la Commune, Marx utilise une expression, inusitée dans son vocabulaire : il parle de « révolution populaire », et non pas de révolution prolétarienne ou communiste. Le mérite de Benjamin consiste à repenser l'événement de la Commune, en dehors de la grille de lecture qui lui a ensuite été imposée par les théoriciens de la révolution bolchevique et ce en revenant « aux sources ».

2. Sur ce thème, *cf.* Marx, *Le 18 brumaire de Louis Napoléon Bonaparte*, Paris, Éditions Sociales, 1969, p. 15-17.

3. Hannah Arendt rappelle que les Grecs disposaient de deux mots pour désigner l'action : *archein* (commencer, mener) et *prattein* (achever, exécuter) – que l'on retrouve en latin entre *agere* (mettre en mouvement) et *gerere* (avoir en charge, gérer) – : la spécialisation du second type d'action l'a rapproché de la notion de *poiésis*.

(*hinweisen*) – à défaut de la prouver (*beweisen*)[1] – l'aspiration humaine à reconstituer une communauté symbolique.

La Commune qui se voulait « à l'assaut du ciel » n'a pas conduit à un échec dû à une quelconque immaturité révolutionnaire : ce dernier n'est patent que pour ceux qui sont à la recherche frénétique d'une fin accomplie qu'elle n'aurait – à les entendre – pas réussi à atteindre. En réalité, elle ne revendique rien d'autre que d'être un commencement, mais un commencement qui se suffit pleinement à lui-même. La Commune n'est autre que la ville manifestant la liberté : mais cette manifestation ne donne lieu à aucune preuve dogmatique, parce qu'elle échappe précisément à la chaîne mécanique des causes et des effets objectivement observables[2]. Mais si le sens de la Commune relève du signe symbolique, celui-ci ne se réduit pas non plus à un simple « signe transcendantal » d'une quelconque « République nouménale » : il s'agit bel et bien d'une épreuve de liberté qui, dans l'histoire effective, à l'échelle d'une collectivité d'hommes, a pris forme à travers des débats et combats bien réels. Car si une ville se déploie dans la succession du devenir historique, si celle-ci suppose également la permanence qu'offre ses *monumenta*, la Commune rappelle qu'une ville est aussi une communauté relationnelle. Si toute ville produit un espace physique constitué de simultanéités[3],

1. Pour reprendre une distinction établie par Kant à propos de la Révolution française, dans *Le Conflit des facultés en trois sections* II, § 5-6, Paris, Vrin, 1965, p. 99-101.

2. Cette définition de la liberté comme « commencement » se trouve chez Kant (cf. *Critique de la Raison pure, Antinomie de la Raison pure, Troisième conflit des Idées transcendantales*, Paris, PUF, 1967, p. 348 *sq.*) et chez Arendt (cf. *Qu'est-ce que la liberté?*, dans *La crise de la culture*, « Idées », Paris, Gallimard, 1972).

3. La simultanéité est constitutive de l'espace urbain : la forme urbaine rend nécessairement simultanés les choses, les gens, les signes.

elle relève aussi d'un espace symbolique où l'expérience d'une coexistence, d'un *nexus reciprocus* – condition *sine qua non* pour constituer un monde – apparaît comme l'analogue de cette exigence de simultanéité[1]. Succession, permanence et communauté sont les véritables analogies de l'expérience d'une ville politique[2]. Mais la simultanéité ne peut résulter ici que d'une promesse réciproque que tous se font au fur et à mesure qu'un réseau d'associations établit ses liens, d'abord fragmentaires et précaires, toujours eux-mêmes suspendus à l'initiative de leur propre commencement. La Commune témoigne qu'une pluralité d'hommes peuvent se réunir et former un pouvoir constituant. L'ultime leçon de cet événement est d'avoir indiqué que la liberté ne peut s'éprouver que dans le cadre d'une pluralité d'hommes réunis prenant conscience de former une puissance publique : elle requiert donc avant tout un rassemblement de citoyens plutôt que d'artefacts, et le nom même de Commune – comme l'avait été celui de *Polis* – suggère bien que ce milieu civique est le fruit de l'action politique.

L'histoire de la Commune de Paris apparaît comme une hypotypose symbolique de la liberté publique. Comme Arendt l'avait relevé[3], le champ d'application et de validité de la « preuve » auquel cet événement-signe réfère n'est autre que la

1. « La forme de l'espace social, c'est la rencontre, le rassemblement, la simultanéité (…). L'espace-nature juxtapose, disperse (…). Il particularise. L'espace social implique le rassemblement actuel ou possible », H. Lefebvre, *La Production de l'espace*, Paris, Anthropos, 2000, p. 121.

2. Tout comme Kant exposait trois analogies de l'expérience physique, *op. cit.*, p. 174-200.

3. « L'action, quel qu'en soit le contenu spécifique, établit toujours des rapports et par conséquent a une *tendance inhérente* à forcer toutes les limitations, à franchir toutes les bornes », *op. cit.*, p. 214.

« tendance »[1] à la liberté : en termes kantiens, la *tendance* est tendue au dessus de l'abîme qui sépare le sensible phénoménal de l'intelligible nouménal, mais ici, il s'agit plutôt d'une flexion, d'une tension effective de l'histoire qui ne renvoie qu'à elle-même. L'hypotypose symbolique l'exprime parce qu'elle n'est jamais un objet donné, mais un processus dynamique, une médiation en exercice. Cette tendance est l'histoire elle-même, débarrassée de tout prophétisme. Alors que les travaux hausmanniens visaient à remodeler la capitale comme un matériau spatial indifférent et à procéder à la médiation d'une altérité, l'expérience de la Commune s'inscrivait dans une perspective historique et contribuait plutôt à la médiation de l'identité du peuple parisien s'affirmant dans la liberté : la barricade apparaissait comme le symbole de cette identité rebelle de la capitale. Comme pour toute *praxis*, l'expérience de la Commune ne valait pas tant pour ce qu'elle produisait ou même détruisait, mais pour ce qu'elle manifestait, et ce de la manière la plus intransitive qui soit. Comme Marx a pu le relever : « La grande mesure sociale de la Commune, ce fut sa propre existence et son action. Ses mesures particulières ne pouvaient qu'indiquer la *tendance* d'un gouvernement du peuple par le peuple »[2]. Mais cette tendance elle-même n'a rien à voir avec une voie toute tracée vers un but qui seul serait en mesure de lui donner son sens. La Commune est un commencement sans fin, parce que la liberté ne s'éprouve que dans l'événement du commencement.

Si la Commune apparaît comme une hypotypose symbolique de la liberté, l'histoire de ses barricades en est une synecdoque politique à la fois exemplifiante et exemplaire. Alors que Hausmann avait fait disparaître nombre de ces

1. Une tendance n'est ni une loi, ni une nécessité inflexible.
2. Marx, *op. cit.*, p. 72.

passages parisiens qui faisaient office d'anti-boulevards, les barricades érigées par les « communs » et « communes » de 1871 inauguraient paradoxalement un nouveau passage de liberté, forçant ainsi la « porte étroite »[1] de l'histoire. Dire que la Commune est un passage, c'est revendiquer pour elle le titre même d'expérience, au sens étymologique du terme[2] : une traversée périlleuse où le risque est le tribut qu'il faut payer à la manifestation de la liberté. Tel est bien, en fin de compte, le sens profond de la « tendance » que la Commune révélait : une tension de la ville vers un au-delà de sa réalité spatiale, un au-delà d'elle-même, pour se révéler le site exemplaire de l'histoire.

---

1. *Cf.* Benjamin, *Œuvres*, III, *op. cit.*, p. 443.
2. Le mot « expérience » est constitué sur la racine *per* qui signifie *à travers*, tout comme la racine *far* dans *Erfahrung*, en allemand : *cf.* Gadamer, *Vérité et méthode*, *op. cit.*, p. 369.

TABLE DES MATIÈRES

QU'EST-CE QU'UNE VILLE ?

LA PATRIE ARTIFICIELLE DES HOMMES 7
   Un objet éminemment culturel.............................. 7
   Un monde d'artefacts... 10
   Un espace de liberté 12
   Le principe d'u-topie 16
   La ville aux prises avec la barbarie 21
   Une communauté symbolique 26
HABITER LA VILLE 31
   La tension entre le bâtir et l'habiter 34
   La « ville à la Descartes » 37
   Déconstruire pour mieux habiter 43
   De *Périntie* à *Raïssa*.. 48
LA GRAMMAIRE D'UNE VILLE 50
   De l'u-topie à l'hétérotopie..................................... 51
   Les significations d'une ville comme exemplifi-
   cations 54
   Du schème au symbole 57
   De la logique architecturale à la grammaire de la
   ville 61
   Les *topoï* symboliques d'une ville............................ 66

LA VILLE ET LA CITÉ 70
    La ville comme exemplification de la société civile ... 71
    De l'usage à l'intérêt 74
    La lutte contre la tendance à la dispersion 77
    L'urbain, creuset d'une nouvelle citoyenneté 81
L'ÉNIGME DE LA VILLE 84

TEXTES ET COMMENTAIRES

TEXTE 1 : PLATON, *République*, V, 471c-473b 93
COMMENTAIRE : L'UTOPIE DE LA CITÉ IDÉALE 96
    L'irréalisme de la *Kallipolis* 97
    Du gouvernement de la cité à celui de l'âme 99
    L'antinomie entre le *logos* et l'*ergon* 101
    La fonction critique de l'utopie 104

TEXTE 2 : WALTER BENJAMIN, *Paris, capitale du XIXᵉ siècle*, le livre des passages 109
COMMENTAIRE : L'URBANISME REMIS EN QUESTION 113
    De l'esthétique à la biopolitique 115
    La revanche de la *praxis* sur la *poiésis* 117
    La Commune comme expérience de la liberté 120

TABLE DES MATIÈRES 127

Imprimerie de la manutention à Mayenne (France) - juin 2014 - N° 2161718D
Dépôt légal : 2ᵉ trimestre 2014